C.H.BECK WISSEN

Mit der Machtübernahme Pippins des Jüngeren im Jahre 751 erfuhr die fränkische Geschichte eine wichtige Zäsur: Damals wurde der letzte König der Merowingerdynastie, Childerich III., von seinem bisherigen Hausmeier geschoren und für den Rest seines Lebens ins Kloster geschickt. Pippin ließ sich von christlichen Bischöfen mit geweihtem Öl zum König salben und von Papst Zacharias den Segen erteilen, was ein völliges Novum in der fränkischen Geschichte und eine entscheidende Weichenstellung für die künftige Ausgestaltung der Karolingerherrschaft darstellte. Wie die weitere Geschichte der Karolinger verlief, wer ihre Protagonisten waren, unter denen sich – nicht zuletzt mit dem ersten Frankenkaiser Karl dem Großen – prägende Gestalten des Frühmittelalters finden, wie sich ihr Verhältnis zu Papst und Kirche gestaltete und wie ihre Dynastie schließlich endete, erzählt Karl Ubl spannend und kompetent in diesem Band.

Karl Ubl lehrt als Professor für Mittelalterliche Geschichte an der Universität zu Köln. Im Zentrum seiner Forschungen stehen die Diskussionen über normative Ordnungen im christlichen Mittelalter.

Karl Ubl

DIE KAROLINGER

Herrscher und Reich

C.H.Beck

Mit drei Karten (© Peter Palm, Berlin)
und sechs Stammtafeln

Die erste Auflage dieses Buches erschien 2014.

2., durchgesehene und aktualisierte Auflage. 2024
Originalausgabe

www.chbeck.de
Reihengestaltung Umschlag: Uwe Göbel (Original 1995, mit Logo),
Marion Blomeyer (Überarbeitung 2018)
Umschlagabbildung: Türklopfer an der Bronzetür
der Nikolauskapelle, Marienkirche, Aachen.
© Bildarchiv Foto Marburg
Satz: Fotosatz Amann, Memmingen
Druck und Bindung: Druckerei C.H.Beck, Nördlingen
Printed in Germany
ISBN 978 3 406 82114 1

verantwortungsbewusst produziert
www.chbeck.de/nachhaltig

Inhalt

1. Eine Dynastie macht Geschichte

Es gibt kaum eine Epoche der europäischen Geschichte, die so eng mit dem Namen einer Dynastie verknüpft ist wie das 8. und 9. Jahrhundert. Historiker sprechen vom Karolingerreich, von der Karolingerzeit, von karolingischer Kultur, karolingischer Renaissance, vom karolingischen Erbe, vom karolingischen Europa und von der karolingischen Wirtschaft. Die Dynastie drückte der Epoche scheinbar unverkennbar ihren Stempel auf. Doch ist es gerechtfertigt, ein Zeitalter in seiner Vielgestaltigkeit auf das Wirken der Königsfamilie zu reduzieren?

Bei der Beantwortung dieser Frage muss zuerst festgehalten werden, dass diese eingeschränkte Sicht nicht auf die Karolinger selbst zurückgeht. Die Vor- und Nachfahren Karls des Großen haben nämlich gar nicht versucht, sich durch einen Dynastienamen von der fränkischen Führungsschicht abzuheben. Der Name der «Karolinger» tauchte vielmehr erst zu einer Zeit auf, als die Herrschaft dieser Familie schon fast vorbei war. Ende des 10. Jahrhunderts wurde der Name für die letzten Nachfahren Karls des Großen geprägt, die über den Westen des ehemaligen Großreichs herrschten und sich gegen Könige aus anderen Familien zu Wehr setzen mussten. Richtig populär wurde die Bezeichnung erst seit dem 11. Jahrhundert: Das Prestige, von dieser berühmten Dynastie abzustammen, stieg an, als die letzten direkten Nachfahren den Königsthron endgültig verloren hatten.

Die Karolinger haben sich dagegen nicht als Familie mit eigenem Namen herausgehoben. Karl der Große und seine Nachkommen verhielten sich so wie andere Familien aus der Elite des Frankenreichs. Es war durchaus üblich, spezifische Traditionen der Namensgebung in einer Familie zu pflegen und regelmäßig auf einen festen Bestand von Eigennamen zurückzugreifen: Namen wie Pippin, Karl und Karlmann signalisierten die Zugehörigkeit zur Dynastie. Familiennamen aber waren nicht gängig.

Von dieser Regel wichen die Merowinger ab, die fränkische Königsdynastie des 5. bis 8. Jahrhunderts. Sie hatten nicht nur einen Dynastienamen (*Merovingi*), sie hoben sich auch äußerlich ab, da sie ihre Exklusivität offen zur Schau stellten: Durch eine besondere Haartracht waren sie für alle auf den ersten Blick zu identifizieren. Wer über die Schulter fallendes, in der Mitte gescheiteltes Haar trug, war Mitglied der merowingischen Familie und hatte Anspruch auf das Königtum. Die Karolinger machten Schluss mit dieser Exklusivität, als sie im Jahr 751 das Königtum an sich rissen. Sie etablierten sich zwar in diesem Jahr faktisch als Dynastie, legitimierten ihre monarchische Herrschaft aber nicht in dynastischen Kategorien. Sie verstanden sich als Franken, als Angehörige dieses ehrwürdigen und traditionsreichen Volkes, das seit der Zeit um 500 das antike Gallien beherrschte. Es war ihr Ziel, die Vormachtstellung der Franken in einem multi-ethnischen Reich wieder zur Geltung zu bringen.

Warum beschränkt sich dann unsere Wahrnehmung dieser Zeit auf die Dynastie, warum verpassen wir jedem Aspekt dieser Epoche das Adjektiv «karolingisch»? Die Gründe dafür liegen zum Teil in der Sache selbst: Die Epoche wird von der ‹übermenschlichen› Persönlichkeit Karls des Großen überschattet. Er brachte die politischen Projekte seines Großvaters und seines Vaters zum erfolgreichen Abschluss, erweiterte beträchtlich die Grenzen des Reiches, erlangte im Jahr 800 die Kaiserkrone vom Papst und wurde bereits von seiner unmittelbaren Nachwelt zum vorbildhaften Herrscher stilisiert. Seine Zeit erfuhr im 9. Jahrhundert eine Glorifizierung als goldenes Zeitalter. Alle Nachfolger mussten sich an ihm messen. Deshalb wurde später die Abstammung von Karl dem Großen ein wichtiger Prestigefaktor in der Welt des europäischen Hochadels.

Ein weiterer Grund für die Fokussierung auf die Dynastie ist die Thronfolge im Frankenreich. Seit dem ersten merowingischen König galt die Regel, dass das Reich unter allen Söhnen des verstorbenen Königs zu gleichen Teilen aufgeteilt werden sollte. Auch wenn bereits die Merowinger diese Regel nicht selten missachtet oder kreativ umgedeutet haben, wurde sie nach dem Dynastiewechsel von den Karolingern im Grundsatz übernommen. Dies hatte zur Folge, dass die Organisation des Frankenreichs in Teil- und Unterkönigreiche in erheblichem Maße vom dynastischen Zufall abhing. Die politische Ereignisgeschichte des 8. und 9. Jahrhunderts ist daher nur vor dem Hintergrund der Geschichte der Königsfamilie verständlich.

Im 20. Jahrhundert erfüllte die Fixierung auf die Dynastie aber auch eine politische Funktion. Seit dem Ende des Zweiten Weltkriegs rückte das karolingische Europa als Vorbild für die Versöhnung des Kontinents in das Zentrum der Geschichtspolitik. Zeugnisse dafür sind der seit 1950 jährlich in Aachen verliehene Karlspreis für besondere Verdienste um Europa, große Ausstellungen (1965, 1999, 2014) und historische Fachbücher, welche die Karolinger als Gründerväter Europas vereinnahmen. Ansatzpunkt für diese politische Instrumentalisierung war die weitgehende Übereinstimmung der Grenzen zwischen dem karolingischen Frankenreich und der entstehenden Europäischen Union. Ebenso wichtig war der Vorbildcharakter Karls des Großen. Denn Karl stand nicht nur für die Union vieler Völker unter einer politischen Gemeinschaft, sondern vor allem für die kulturelle Einheit Europas. Seine berühmte Bildungsreform machte ihn zur idealen Gründerfigur für eine neue Union, die zwar aufgrund wirtschaftlicher Interessen entstand, sich dafür aber in den kleidsamen Mantel einer kulturellen Gleichgesinntheit hüllte. Karl der Große war somit nach 1945 zum Stifter der europäischen Kultur geworden.

Das Geschichtsbild vom karolingischen Europa war über lange Zeit so wirkmächtig, dass es die Sicht auf die gesamte Epoche des Frankenreichs bestimmte. Wenn die Karolinger die Einheit der europäischen Kultur herbeiführten, war es naheliegend, die erste fränkische Dynastie der Merowinger als barbarisch und kulturfern darzustellen. Das hohe Prestige der Karolinger hatte also eine Geringschätzung der Merowinger zur Folge sowie eine deutliche Abgrenzung zwischen der merowingischen und der karolingischen Epoche. Der Dynastiewechsel von 751 wurde damit zu einem Wendejahr der europäischen Geschichte hochstilisiert. Die Merowinger standen mit ihrer langen Haartracht, ihrer Polygamie und ihrer dynastischen Exklusivität für ein barbarisches Zeitalter, welches durch die Karolinger im Bündnis mit dem Papsttum überwunden worden sei. Als der letzte merowingische König durch eine Anfrage des Thronaspiranten Pippin an den Papst abgesetzt wurde, sei ein dauerhaftes Bündnis zwischen der christlichen Kirche und dem Königtum geschmiedet worden, welches die Zivilisierung des Frankenreichs und die Erneuerung von Kultur und Bildung möglich gemacht habe. Das Geschichtsbild vom karolingischen Europa war – ebenso wie die Europaidee des 20. Jahrhunderts – christlich-katholisch gefärbt.

Diese Indienstnahme der Karolinger für die Schaffung europäischer Identität zog in den letzten Jahrzehnten vermehrt Kritik auf sich, und dies zu Recht. Politisch ist der Rückbezug auf eine christliche Einheitskultur angesichts der kulturellen und religiösen Vielfalt des heutigen Europa nicht mehr opportun. Aber auch die historische Forschung hat mit dem Mythos des karolingischen Europa aufgeräumt. Europa war für die Zeitgenossen Karls des Großen nur ein geographischer Begriff für einen der drei Weltteile. Man wusste zwar sehr wohl, dass das byzantinische Reich aufgrund der islamischen Expansion aus den anderen beiden Weltteilen, Asien und Afrika, weitgehend verdrängt worden war und dass die «Sarazenen» durch die Eroberung Spaniens im Jahr 711 sogar einen Teil Europas beherrschten. Aber gerade weil das vergangene Jahrhundert als verlustreiche Epoche für die Christenheit wahrgenommen wurde, war eine Selbstbeschränkung auf Europa nicht denkbar. Als sich Karl zum Kaiser krönen ließ, begrenzte er sein Wirken nicht auf Europa, sondern setzte sich mit erstaunlicher Weitsicht für die Christen im Heiligen Land ein. Er verstand sich fortan als Schutzherr für alle Christen, auch außerhalb Europas im Nahen Osten. Der geographische Begriff wurde daher nicht zu einem politischen Konzept umgemünzt. Der anonyme Dichter, der Karl zu Lebzeiten als «Vater» und «Leuchtturm Europas» bezeichnete, blieb eine vereinzelte Stimme.

Historiker stellen die Sonderstellung der Karolinger aber nicht nur deshalb in Frage, weil eine europäische Idee in der Politik des 8. und 9. Jahrhunderts nicht existierte. Auch der Gegensatz von merowingischer und karolingischer Zeit wird nicht mehr in der Schärfe aufrechterhalten. Stattdessen betonen Historiker die Einheit der fränkischen Geschichte. Schließlich war es der merowingische König Chlodwig I. (481/82–511), der mit seiner Taufe die Franken zum Christentum bekehrt und somit in das weitgehend christianisierte Gallien eingegliedert hatte. Seine Nachfolger gründeten Klöster, unterstützten die Bischöfe, setzten sich für kirchliche Belange ein und riefen Kirchenversammlungen ein, um den Lebenswandel des Klerus zu reformieren. An ihrem Hof wirkten Dichter und Heilige, Missionare und Rechtsgelehrte. Chilperich I. (561–584), ein Enkel Chlodwigs, schrieb sogar theologische Traktate und Gedichte und bemühte sich darum, das lateinische Alphabet um neue Buchstaben für germanische Laute zu erweitern. Die Bildungsreform Karls des Großen konnte somit an bedeutende fränkische Vorbilder des 6. und frühen 7. Jahrhunderts anknüpfen. Das Ausgreifen in rechtsrheinische Gebiete und nach Norditalien war bereits im 6. Jahrhundert erfolgt, auch wenn diese Eroberungen zum Teil nicht dauerhaft waren. Die Dynastie der Merowinger geriet zwar Ende des 7. Jahrhunderts in eine Krise, die fränkische Identität blieb aber im folgenden Jahrhundert weiterhin der Kern der politischen Gemeinschaft.

Die Kritik an der Vereinnahmung der Karolinger für Europa hat somit auch das Verhältnis zwischen den beiden fränkischen Königsdynastien zurechtgerückt. Die Merowinger waren nicht die Barbaren, als die man sie früher gern charakterisierte. Die Kritik am Europamythos hat jedoch zu Überreaktionen geführt. So ist es kaum angemessen, das karolingische Europa als «Missgeburt» (Jacques Le Goff) zu bezeichnen, weil die politische Einigung unter dem Vorzeichen des fränkischen Imperialismus stattgefunden habe. Damit werden anachronistische Maßstäbe angelegt. Denn das antike Rom, und damit die Idee des Imperialismus, blieb das ganze Mittelalter und weit darüber hinaus vorbildhaft. Als Karl das Imperium erlangte, wurde die fränkische Identität partiell ins Abseits gedrängt. Das Kaisertum Karls war ein römisch-christliches und kein fränkisches. Und auch wenn der Europabegriff für die Karolinger keine identitätsstiftende Funktion hatte, wird man kaum bezweifeln können, dass das

Frankenreich, und insbesondere die Figur Karls des Großen, für die weitere Geschichte des Kontinents von erheblicher Bedeutung gewesen ist.

Eine andere Reaktion auf die Verabschiedung vom Bild des karolingischen Europa besteht in der Betonung religiöser Motivation – und damit auch der Fremdheit des frühen Mittelalters. Seit den Anschlägen vom 11. September 2001 ist die Religion als Motiv für Kriege und politische Vergemeinschaftung verstärkt ins Blickfeld der historischen Forschung geraten. Besonders der Sachsenkrieg Karls des Großen scheint sich für eine solche Deutung anzubieten. Die ZDF-Produktion «Karl der Große und die Sachsen» (ausgestrahlt am 13.11.2010) in der zweiten Staffel über «Die Deutschen» bediente sich der Idee des Glaubenskrieges, um die beispiellose Brutalität des Herrschers bei der Unterwerfung Sachsens plausibel zu machen. Diese Deutung erfährt dadurch Bestätigung, dass sich im Lauf des 8. Jahrhunderts die Kriege der Franken immer öfter gegen «Ungläubige» richteten. Besonders die Jahre vor der Kaiserkrönung Karls des Großen zeigen diese Verschiebung in aller Deutlichkeit. In dem Vierteljahrhundert vor 800 gab es dreimal so viele Heidenkriege wie Kriege gegen Christen. Zur selben Zeit drängte eine religiöse Legitimation der Kriegsführung immer stärker in den Vordergrund. Darin spiegelt sich nicht zuletzt eine Verschiebung in der Zusammensetzung des Heeres wider: Während im frühen 8. Jahrhundert die Franken gegen die anderen Völker im Frankenreich Krieg geführt und ihre Vormachtstellung wiederhergestellt hatten, scharte Karl der Große multi-ethnische Verbände um sich, die nicht mehr durch eine gemeinsame fränkische Identität zusammengehalten wurden. Am Awarenfeldzug von 791 beteiligten sich beispielsweise neben den Franken auch Sachsen, Thüringer, Friesen, Langobarden, Slawen und Bayern. Diese Armeen verband keine gemeinsame ethnische Identität mehr, sondern allein der christliche Glaube. Mit anderen Worten: Je erfolgreicher die Franken im 8. Jahrhundert Krieg führten, umso unbrauchbarer wurde die fränkische Identität für die Legitimation der Kriegsführung. An ihre Stelle trat der gemeinsame Glaube.

Das Bild der Karolinger als Glaubenskrieger hat wie jede neue

Deutung aber auch seine Grenzen. Was für eine Phase der Herrschaft Karls des Großen zutreffen mag, erweist sich für das Verständnis der frühen Karolinger wie auch für das 9. Jahrhundert als wenig geeignet. Nahm die auf Gebietserweiterung zielende Expansion bereits in den letzten Jahren Karls des Großen ein Ende, so hat sein Sohn Ludwig der Fromme Kriegsführung und Mission streng voneinander getrennt. Nach dem Tod Ludwigs (840) und dem Teilungsvertrag von Verdun (843) fanden militärische Auseinandersetzungen vermehrt wieder um die Hegemonie im Inneren des Frankenreichs statt, wie es schon für die Frühzeit des karolingischen Aufstiegs festzustellen ist.

Der Glaubenskrieg deckt also nur einen Aspekt in der karolingischen Geschichte ab, er lenkt aber den Blick auf das Ineinander von Politik und Religion, welches als ein wesentliches Charakteristikum des 8. und 9. Jahrhunderts betrachtet werden muss. Zum einen bildeten die kirchlichen Einrichtungen das Rückgrat des politischen Gemeinwesens. Die einzigen Institutionen des Frankenreichs waren die Bischofskirchen, die über feste Residenzen, regelmäßige Steuereinkünfte, Gebäude und besoldetes Personal verfügten. Bischöfe betrachteten sich als Helfer des Königs, der sie für die Verbreitung von Gesetzen, für die Bekanntmachung von Kriegszügen, für Gesandtschaften, Verbrechensbekämpfung und vieles mehr einsetzte. Zum anderen fand dieses Ineinander in der Theologisierung der Politik und der Politisierung von Theologie Ausdruck. Theologische Debatten fanden das Gehör des Herrschers und führten zu politischen Verwicklungen, während die Könige sich durch Salbung, Buße und Liturgie eine theologische Selbstdeutung gaben. Darüber hinaus setzte die Loyalität gegenüber dem König die Loyalität gegenüber religiösen Instanzen voraus. Der Treueid, den alle freien bzw. waffenfähigen Einwohner des Frankenreichs dem König leisten mussten und der Verpflichtungen dem König gegenüber überhaupt erst generierte, beruhte auf dem gemeinsamen Glauben, da jeder Eid auf Reliquien oder auf die Evangelien geleistet wurde. Nur für die jüdischen Gemeinden wurde seit Karl dem Großen eine Ausnahme gemacht. Vor Gericht duften sie den Eid auf die hebräische Bibel (die Thora) leisten.

Sieht man von dieser Ausnahme ab, konnte politische Herrschaft folglich nur über Christen ausgeübt werden. Nichts zeigt dies deutlicher als die von den karolingischen Königen so häufig verwendete Formel, mit der sie ihre Untertanen ansprachen: *fideles Dei ac nostri*, die Gläubigen Gottes und die Getreuen des Königs. Die politische Ordnung baute somit auf einer religiösen Ordnung auf. Das Frankenreich war eines nicht: ein säkulares Gemeinwesen.

Wenn also eine Charakteristik des Frankenreichs unter den Karolingern besondere Hervorhebung verdient, so ist es die enge Verschränkung von Religion und Politik, kirchlichen Institutionen und Königtum, Theologie und Herrschaftsrepräsentation. Das Frankenreich näherte sich damit an die beiden anderen Großmächte der Zeit an, das islamische Kalifat und das römisch-christliche Kaisertum von Konstantinopel. Während ihres ‹hundertjährigen› Krieges von 634 bis 740 hatten sie den jeweiligen Glauben verstärkt zur Herstellung und Festigung politischer Loyalität eingesetzt. Die Karolinger bedienten sich des gleichen Mittels, um ihren Aufstieg zu legitimieren und das Frankenreich durch Reformen in einem bislang nicht gekannten Ausmaß zu einen. Man hat daher zu Recht das karolingische Zeitalter als eine «Atempause im Ausbau der regionalen Welt» nach dem Untergang des weströmischen Reichs (Patrick Geary) bezeichnet. Es war eine Atempause mit erheblicher historischer Wirkkraft.

2. Herkunft und Aufstieg einer Familie

Als die Vorfahren Karls des Großen erstmals in den Quellen erscheinen, war das Frankenreich bereits mehr als 100 Jahre eine Großmacht im ehemaligen Westen des römischen Reiches. Chlodwig I. hatte die Franken zu Herrschern über Gallien gemacht und das Reich im Jahr 511 unter seinen vier Söhnen aufgeteilt. Diese setzten die Expansion fort, so dass schließlich Burgund mit der Hauptstadt Lyon, die Provence, Thüringen und

Bayern eingegliedert wurden und Sachsen zeitweise in tributpflichtige Abhängigkeit geriet. Das Frankenreich erstreckte sich somit von den Pyrenäen bis an den Rhein, von Regensburg bis zur Bretagne. Durch die häufigen Teilungen bildeten sich innere Grenzen des Frankenreichs heraus, die dem Reich im 7. Jahrhundert eine feste Gliederung gaben. Die Könige beherrschten das Westreich (Neustrien) mit den Hauptorten Paris, Rouen und Soissons oder das Ostreich (Austrasien) mit den Residenzen Reims, Metz und Köln. Beide Reiche zusammen bildeten die Francia, d. h. die Region innerhalb des Frankenreichs, in der sich die Einwohner als Franken bezeichneten. Die restlichen Gebiete, in denen Burgunder, Romanen, Alemannen, Baiuwaren und Thüringer lebten, waren diesen beiden Teilreichen in wechselnden Konstellationen untergeordnet. Das Frankenreich war also ein Vielvölkerreich, in dem die politische Gewalt im Raum zwischen Seine und Rhein konzentriert war.

Die Vorfahren der Karolinger begannen ihre politische Karriere im Teilreich Austrasien. Ihre erste bekannte Handlung war Verrat: Als im Jahr 613 eine Entscheidungsschlacht zwischen den verfeindeten merowingischen Königen bevorstand, wechselte die Elite Austrasiens die Fronten und schlug sich auf die Seite des neustrischen Königs Chlothar II., der somit zum Alleinherrscher aufstieg. An der Spitze der Verräter standen Arnulf und Pippin der Ältere, die mit ihrer Haltung den Grundstein für ihren Aufstieg in hohe Ämter des Frankenreichs legten. Arnulf wurde wenig später Bischof von Metz, einer Residenzstadt der merowingischen Könige. Pippin erlangte im Jahr 624 das Amt des austrasischen «Hausmeiers», die Spitzenstellung am Hof des dort mittlerweile amtierenden Königs Dagobert I. Über die Herkunft beider ist nur wenig Sicheres bekannt. Während Arnulf bereits vor 613 ein bedeutendes Amt am austrasischen Königshof innehatte und im oberen Maas- und Moselraum verankert war, ist über den Lebensweg Pippins vor dem Verrat nichts bekannt. Nach späteren Schenkungen zu urteilen, die seine Nachkommen tätigten, ist sein Landbesitz im südlichen Belgien zwischen den Ardennen und der Maas zu lokalisieren.

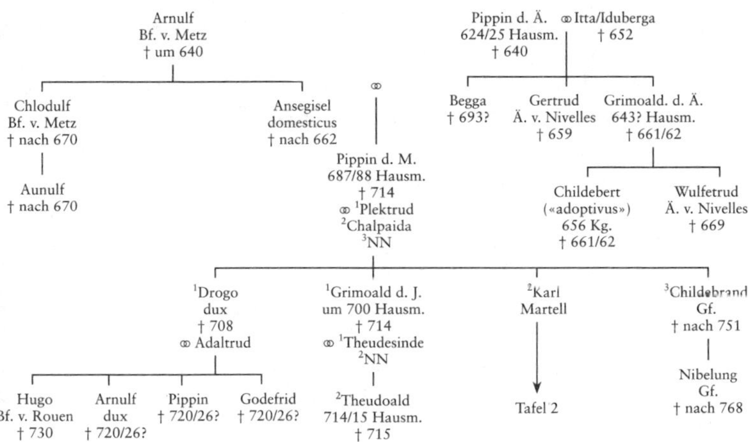

Stammtafel 1: Arnulfinger, Pippiniden, Karolinger (I.–II. Generation)

Der weitere Aufstieg der Familien Arnulfs und Pippins beruhte im 7. Jahrhundert auf Hofintrigen, auf erfolgreichen Ehebündnissen und auf der Unterstützung monastischer Gemeinschaften. Hofintrigen wie der Verrat von 613 waren das Salz der merowingischen Politikgeschichte. Dass man es damit auch zu weit treiben konnte, bezeugt das Schicksal von Pippins Sohn Grimoald. Dieser folgte zwar nicht direkt seinem Vater in das Amt des Hausmeiers nach, wusste es dafür aber umso rücksichtsloser zu nutzen, als er es im Jahr 642/43 antrat. Behilflich war ihm besonders die Tatsache, dass der merowingische König Sigibert III. in Austrasien noch minderjährig war. Nach der erlangten Volljährigkeit blieb der König im Schatten seines obersten Hofbeamten. Diesen Zustand wollte Grimoald über den Tod des Königs festschreiben, indem er in die Regelung der königlichen Nachfolge eingriff. Ob er seinen eigenen Sohn vom König adoptieren ließ oder einen Sohn des Königs adoptierte, lässt sich aus den dürftigen Quellen nicht mehr mit Gewissheit rekonstruieren. Sicher ist jedoch, dass man diese Einmischung in dynastische Angelegenheiten am Pariser Hof des neustrischen Königs nicht guthieß. Grimoald wurde unter nicht näher bekannten

Umständen festgenommen und in Paris auf grausame Weise hingerichtet.

Anders als im Jahr 613 war beim sogenannten Staatsstreich Grimoalds der Verrat am König gründlich schiefgelaufen. Grimoald starb, und die Macht seiner Familie erlitt einen Rückschlag. Seine Tochter Wulfetrud war bereits vorher als Äbtissin in die Familienstiftung Nivelles eingetreten und musste aufgrund des Verrats ihres Vaters Bedrückungen durch die neuen Machthaber hinnehmen. Die Familientradition brach jedoch nicht ab, weil Grimoalds zweite Schwester Begga ein folgenreiches Heiratsbündnis mit dem Sohn Arnulfs, Ansegisel, geschlossen hatte. Der Sohn aus dieser Verbindung bekam den Namen Pippin und sollte die Tradition der mütterlichen Seite als Hausmeier fortsetzen.

Die Ehe mit dem Sohn Arnulfs führte die Familie Pippins des Älteren in ein neues Netzwerk ein. Um das Jahr 628 verzichtete Arnulf auf seinen Bischofsstuhl in Metz und trat in ein neu gegründetes Kloster in den Vogesen ein (Remiremont). Diese Neugründung stand unter dem Einfluss des irischen Missionars Columban, der Ende des 6. Jahrhunderts ins Frankenreich gekommen war und für eine neue Form des asketischen Mönchtums warb, zu der sich viele Familien aus der fränkischen Elite hingezogen fühlten. Arnulfs Familie scheint besonders enge Kontakte zu Columban gehabt zu haben, da ein Verwandter zum Nachfolger des Missionars in dessen letzter Gründung Bobbio in Norditalien gewählt wurde. Nach dem Heiratsbündnis zwischen Begga und Ansegisel hat auch die Familie Pippins die Tradition klösterlicher Patronage aufgegriffen. Die Gründung des Klosters Nivelles erfolgte auf Eigenbesitz der Pippiniden, während die Gründung des Doppelklosters Stablo-Malmedy zwar mit Mitteln des Königtums ausgestattet wurde, aber auf die Initiative Grimoalds zurückging. Diese klösterliche Patronage hatte nicht ausschließlich einen geistlichen Zweck. Sicher erwartete man dadurch die Förderung des eigenen Seelenheils und die Erlangung göttlicher Gnade, da die Mönche den Gebetsdienst für die großzügigen Stifter leisteten. Daneben erfüllten Klöster auch ganz weltliche Zwecke. Sie dienten – modern gesprochen –

als Geldanlage, als Kreditinstitut und als Mittelpunkt adeliger Netzwerke. Als kirchliches Eigentum waren sie gegen Enteignungen geschützt und konnten dadurch politische Niederlagen wie den gescheiterten «Staatsstreich» überdauern.

Das Scheitern Grimoalds war sicher ein Rückschlag, aber in der von Verrat und Intrigen geprägten merowingischen Politikgeschichte kein Einzelfall. Schon bald trat Pippin der Mittlere, ein Neffe Grimoalds, als eine bedeutende Führungskraft in Austrasien in Erscheinung. Das Prestige seiner Familie muss sehr hoch gewesen sein. Nicht anders ist zu erklären, dass Pippin bald nach der Ermordung Grimoalds in eine andere bedeutende austrasische Adelsfamilie einheiratete. Seine Frau Plektrud entstammte einer Familie, die durch Klostergründungen bei Trier (Oeren, Pfalzel) und in Echternach hervortrat und deren Einfluss bis nach Köln wirksam war. Damit konnte sich Pippin der Mittlere auf ein erheblich größeres Geflecht adeliger Netzwerke stützen als noch sein Vater.

Die Politik am merowingischen Königshof hatte sich jedoch in der Zwischenzeit gründlich gewandelt. Das Königtum war seit den 670er Jahren in eine tiefe Krise hineingeraten, aus der es nicht mehr herausfinden sollte. Eine Häufung von frühen Todesfällen und die Abfolge minderjähriger Könige führten dazu, dass die Könige zum Spielball der führenden Adelsfamilien in Neustrien und Austrasien wurden. Was sich unter Grimoald bereits abgezeichnet hatte, wurde nach der Ermordung des letzten eigenständigen Königs Childerich II. im Jahr 675 zum Dauerzustand. Könige wurden nach dem Willen der Hausmeier eingesetzt, wodurch es nicht mehr zu Teilungen kam und das Frankenreich seit 679 als einheitliches Königreich mit kurzen Unterbrechungen bis zur Teilung von Verdun (843) bestehen blieb. Die politische Einheit war die Voraussetzung dafür, dass sich Pippin und seine Nachkommen allmählich nicht nur in Austrasien, sondern im gesamten Frankenreich durchsetzten.

Warum Pippin der Mittlere schließlich zur führenden Kraft in Austrasien und Neustrien wurde, ist nicht schlüssig zu erklären. Heute ist viel mehr über die Vorfahren Karls des Großen bekannt als über ihre Rivalen, da sie als Sieger ihre eigene Geschichte aufzeichneten und verherrlichten. Die Konkurrenten Pippins tauchen dagegen nur punktuell auf, obwohl vermutlich auch sie einflussreichen und traditionsbewussten Familien entstammten. Vielleicht war es deshalb einfach das lange Leben Pippins des Mittleren, das ihn fast 40 Jahre an den Machtkämpfen im Frankenreich teilnehmen und somit als bestimmende Persönlichkeit daraus hervorgehen ließ. Schon kurz nach 675 befand er sich im Krieg gegen Ebroin, den Hausmeier Neustriens, unterlag jedoch in einer Schlacht in der Nähe von Laon. Weitere Konflikte mit den Neustriern folgten, in denen Pippin bald als Hausmeier an der Spitze der Austrasier handelte. Entscheidend dürfte die Schlacht von Tertry an der Somme gewesen sein, als Pippin endgültig einen Sieg über die Neustrier erringen konnte (687). Von da an stand Pippin bis zu seinem Tod im Jahr 714 faktisch an der Spitze des Frankenreichs.

Das deutlichste Zeichen dieser neuen Vorherrschaft Pippins war die Vergabe von Schlüsselpositionen an seine Söhne. Der älteste Sohn Drogo amtierte zunächst als Herzog (*dux*) in der Champagne und übernahm später dasselbe Amt in Burgund, das traditionell zum westlichen Teilreich Neustrien gezählt hatte. Diesen Ausgriff auf Neustrien verstärkte Pippin dadurch, dass er um das Jahr 697 seinen zweitgeborenen Sohn Grimoald dort als Hausmeier einsetzte. Von diesem Zeitpunkt an stand der merowingische König direkt unter der Kontrolle der Familie Pippins. Dennoch blieb Pippin selbst in Austrasien und begnügte sich offenbar mit einer indirekten Lenkung des Frankenreichs. Eine Integration des Frankenreichs und eine Überwindung der Teilung in Neustrien und Austrasien waren offenbar noch nicht durchsetzbar. Pippins Hof in Austrasien und der Königshof in Neustrien zeigten personell kaum Überschneidungen.

Die unvollständige Integration des fränkischen Zentralraums zwischen Seine und Rhein erwies sich nach dem Tod Pippins als Hypothek. Denn der Hausmeier überlebte nicht nur seine Rivalen, er überlebte auch seine beiden Söhne aus der Ehe mit der mächtigen Plektrud. Nach dem Wunsch Pippins sollte die Macht auf seinen noch jungen und unerfahrenen Enkel Theudoald übergehen, doch die Elite Neustriens nutzte diese Schwäche zum

Gegenschlag aus. Eine erste Niederlage im Jahr 715 und eine zweite im folgenden Jahr besiegelten das Schicksal der Witwe Plektrud und ihrer Nachkommen. Die einzige Hoffnung der Familie ruhte jetzt auf Karl Martell, dem Sohn Pippins aus seiner Verbindung mit einer Nebenfrau. Karl war zunächst von seinem Vater aus der Nachfolge ausgeschlossen und nach dessen Tod von seiner Stiefmutter in Köln in Haft genommen worden. Erst das Scheitern Plektruds eröffnete Karl die Möglichkeit, sich als neuer Anführer seiner Familie zu behaupten. Mit einem Sieg über die Neustrier am 21. März 717 erkämpfte er sich die Anerkennung in Austrasien, ein Jahr später besiegte er seine Gegner in Soissons und erzwang die Auslieferung des merowingischen Königs.

Die Sukzessionskrise nach dem Tod Pippins dauerte ganze vier Jahre. Karl Martell zog aus dieser einschneidenden Erfahrung seine Lehren. Zum einen setzte er es sich zum Ziel, die jahrhundertealte Teilung in Neustrien und Austrasien zu überwinden. Anders als sein Vater verlegte er den Schwerpunkt seiner Herrschaft in das Pariser Becken und damit in neustrisches Gebiet. Zum anderen nahm er die Eigenständigkeit der Randgebiete als Gefahr für das Frankenreich wahr. Während der Sukzessionskrise wandten sich nicht nur die Neustrier gegen die Vorherrschaft der Familie Pippins, sondern sie verbündeten sich darüber hinaus mit dem Herzog der Aquitanier im Südwesten Galliens und mit dem Herzog der Friesen. Seit dem Verfall des merowingischen Königtums hatten sich die Randgebiete zunehmend verselbstständigt. In Bayern, Alemannien, Aquitanien, Friesland und Thüringen waren weitgehend unabhängige und dynastisch organisierte Herzogtümer entstanden. Ihre Unterordnung konnte nur mit militärischen Mitteln erzwungen werden.

Karl Martell setzte sich folglich die Wiedererrichtung fränkischer Vorherrschaft als Ziel. Jahr für Jahr führte er Krieg beinahe im gesamten Frankenreich. Im ersten Jahrzehnt seiner Herrschaft richtete er seine Aufmerksamkeit auf den Osten des Reiches. Der erste offensive Kriegszug gegen die Sachsen führte die fränkischen Truppen bis an die Weser. Noch drei weitere Male zog er in der Anfangszeit dorthin in den Krieg (720, 722,

724), ein letztes Mal im Jahr 738. Sein nächster Schlag galt den Friesen, deren Mission von Pippin unterstützt worden war, die sich aber in der Sukzessionskrise gegen Karl Martell gestellt hatten. Die Herzogtümer in Alemannien und Bayern gerieten spätestens im Jahr 725 ins Visier Karl Martells. Er nutzte Konflikte in den Herzogsfamilien, um mit einer großen Heeresmacht einzufallen und die Unterwerfung unter seine Herrschaft abzupressen. Während er in Bayern die Herzöge an der Macht beließ, aber ihre Ernennung wesentlich mitbestimmte, beendete er die Herzogsherrschaft in Alemannien um das Jahr 730. Fortan wurde die Macht dort auf die Schultern von Amtsträgern mit dem fränkischen Titel eines Grafen verteilt.

Im zweiten Jahrzehnt seiner Herrschaft verlagerten sich die militärischen Operationen Karl Martells in den Süden und Südwesten des Frankenreichs. Anlass dafür war das Vordringen islamischer Truppenverbände aus dem 711 eroberten Spanien. Nach etlichen Jahren der Unruhe an den Grenzen wagte der Statthalter des Kalifen in Spanien, Abd ar-Rahman, 732 einen Vorstoß in das Frankenreich. Der Herzog von Aquitanien konnte die Grenze im Südwesten nicht verteidigen und wurde an der Garonne zurückgeschlagen. Die Städte Bordeaux und Poitiers fielen in die Hände der Invasoren. Erst als sich Karl Martell mit dem Herzog verbündete, konnte dem muslimischen Heer Einhalt geboten werden. Auf dem Weg zur heiligen Bischofsstadt Tours wurde Abd ar-Rahman von Karl Martell niedergerungen und büßte mit seinem Leben. Damit waren nicht nur die Eroberungszüge des islamischen Kalifats im Westen des Mittelmeerraums beendet und die feindlichen Truppen aus dem Frankenreich vertrieben, auch das Machtgefüge innerhalb des südlichen Frankenreichs veränderte sich. Karl nahm nunmehr Anteil an den Verhältnissen im Süden Galliens und zog mehrfach mit seinem Heer in die Provence und an das Mittelmeer. Die Unterordnung unter das Frankenreich musste er dabei mit aller Härte gegen die regionalen Führungskräfte durchsetzen.

Im Vierteljahrhundert seiner Herrschaft hatte Karl Martell das Frankenreich grundlegenden Wandlungen unterworfen. Als er im Oktober 741 starb, war das merowingische Königtum beseitigt. Seit dem Tod Theuderichs IV. im Jahr 737 hatte Karl keinen neuen König eingesetzt, sondern als Hausmeier, Fürst und Herzog der Franken eigenständig die Regierung des Reiches übernommen. Vom Papst in Rom und von den langobardischen Königen in Italien wurde er als gleichrangiger Gesprächspartner in diplomatischen Kontakten akzeptiert. Er teilte das Frankenreich wie ein König unter seinen Söhnen und ließ sich wie die Merowinger in der Königsabtei Saint-Denis begraben. Unter seiner Herrschaft gab es zwar noch Herzogtümer in Aquitanien und Bayern, die Herzöge hatten jedoch die neue Ordnung im Frankenreich anerkannt. Bei diesen erstaunlichen Erfolgen bleibt die Frage offen, wie Karl Martell die Franken zu dieser Kraftanstrengung motivieren konnte – oder anders gefragt: wie er die jährlichen Kriegszüge, mit denen er das gesamte Reich überzog, legitimierte.

Wenn wir mehr über die Persönlichkeit Karl Martells erfahren wollen, lassen uns die Quellen im Stich. Karl Martell regierte mehr mit dem Schwert, oder seinem namensgebenden Hammer (*martellus*), als mit der Feder. Aus den 23 Jahren seiner Herrschaft sind nur sechs Urkunden überliefert, d. h. Dokumente, die wir mit Sicherheit auf sein engeres Umfeld zurückführen können. Karls Hof war noch kein Zentrum für Gelehrte, und er war offenbar nicht an der Reform der Bildung interessiert. Im Umgang mit der Kirche ist sogar festzustellen, dass er das kirchliche Recht gelegentlich offen missachtete. Um seine Stellung in Neustrien auszubauen, überließ er beispielsweise seinem Neffen Hugo die Verwaltung mehrerer Bistümer (Paris, Rouen, Bayeux, Lisieux und Avranches) und Abteien (Jumièges, Saint-Wandrille und Saint-Denis). Man kann daher auch nicht behaupten, dass Karl Martell an einer kulturellen und kirchlichen Homogenisierung interessiert war, die seit seinen Söhnen ein Markenzeichen karolingischer Herrschaft werden sollte. Aus seiner Zeit sind im Wesentlichen nur zwei größere Quellen erhalten, die beide nicht aus seinem Umkreis stammen, aber die immerhin bezeugen, wie bestimmte Ideen und Vorstellungen an den König herangetragen wurden: eine Chronik (*Liber historiae Francorum*) und die Briefe des Missionars Bonifatius.

Die Chronik entstand im Jahr 727 in Soissons, einem alten Hauptort von Neustrien. Sie stammt daher just aus der Region, die Karl Martell erstmals fest unter die Herrschaft seiner Familie gebracht hatte. Das Werk hat diese neuen Machtverhältnisse akzeptiert und feiert den neuen Machthaber im Frankenreich als unbesiegbaren Kriegshelden. Das Besondere an diesem Geschichtswerk ist jedoch, dass sein Autor auf die Ursprünge der Franken zurückblickt und erstmals die gesamte Vergangenheit auf das Volk der Franken hin zuspitzt. Obwohl die Franken bereits seit dem 6. Jahrhundert die Geschicke Galliens bestimmten, hatte sich bislang kein Geschichtsschreiber gefunden, der die römische Vorgeschichte und die christliche Weltgeschichte so konsequent ignorierte und durch eine lineare Erzählung vom fränkischen Volk ersetzte. Dabei zeichnen sich die Franken in diesem Werk vor allem durch ihre kriegerische Tüchtigkeit und ihre militärischen Erfolge aus. Dem neuen Herrscher über Neustrien und über das Frankenreich wird daher eines nahegelegt: seine Kriege als Fortsetzung der langen Reihe fränkischer Erfolge zu verstehen.

Ein anderes Bild geben uns die Briefe des Bonifatius. Der Angelsachse beteiligte sich zunächst an der Mission der Friesen, die der Familie Karl Martells besonders am Herzen lag, bevor er sich mit päpstlicher Genehmigung als Missionsbischof in Hessen und Thüringen niederließ. Karl Martell stellte ihm dafür 723/24 einen Schutzbrief aus. Langfristiges Ziel des Bonifatius war die Verbreitung des Glaubens bei den Sachsen. So wie bereits Pippin der Mittlere die Mission bei den Friesen militärisch unterstützt hatte, waren die häufigen Einfälle Karls in Sachsen als Unterstützung bei der Verbreitung des christlichen Glaubens gedacht. Der letzte Kriegszug nach Sachsen (738) soll einem Bericht des Papstes zufolge durch Massentaufen sogar einen Zuwachs von 100 000 Christen erbracht haben. Bonifatius wurde darüber hinaus von Karl unterstützt, als er vom Papst den Rang eines Erzbischofs erhielt und den Auftrag bekam, die Kirche in Bayern und im hessisch-thüringischen Raum neu zu organisieren. Die Mission im Osten des Frankenreichs, den Karl Martell im ersten Jahrzehnt seiner Herrschaft besonders oft mit Krieg heimgesucht hatte, wurde ihm von Bonifatius daher nachdrücklich ans Herz gelegt.

Die Herrschaftsjahre Karl Martells waren eine Zeit der Gewalt. Die spärlichen Quellen setzen diese Gewalt entweder mit der gemeinsamen Herkunft von den kriegstüchtigen Franken oder mit der Verbreitung des Glaubens in Beziehung. Wir können in Karl Martell daher einen christlichen Glaubenskrieger oder einen fränkischen Kriegstreiber sehen. In welchen Kategorien Karl Martell selbst dachte, ist mangels Zeugnissen nicht mehr feststellbar.

3. Pippin der Jüngere: Papsttum und Frankenreich

In der Geschichte des karolingischen Zeitalters nimmt Pippin der Jüngere eine Schlüsselstellung ein: Pippin wurde der erste fränkische König ohne Verwandtschaft mit der merowingischen Dynastie; er war der Erste, der seine Königswürde durch eine Salbung mit heiligem Öl bestärken ließ; und er schloss erstmals ein dauerhaftes Bündnis mit dem römischen Papst, welches die Geschichte des Frankenreichs im späteren 8. und 9. Jahrhundert entscheidend beeinflusste. Wenn man daher das karolingische Frankenreich als eigene Epoche ansehen und sie vom merowingischen Zeitalter unterscheiden will, bietet es sich an, Pippins Regierung als entscheidende Wendezeit zu betrachten. So hat die ältere Forschung den Dynastiewechsel von 751 als «folgenschwerste Tat des ganzen Mittelalters» (Erich Caspar) bewertet. Einleitend wurde jedoch auf die Problematik einer allzu scharfen Trennung zwischen den beiden fränkischen Königsfamilien hingewiesen. Das Frankenreich wurde durch den Dynastiewechsel zweifellos verändert, aber in welchem Ausmaß?

Zu Beginn der Herrschaft Pippins war dieser Umbruch keineswegs absehbar. Er hatte nicht nur einen älteren Bruder (Karlmann), sondern auch einen jüngeren Halbbruder (Grifo), der in der besonderen Gunst des Vaters Karl Martell stand. Wie sich

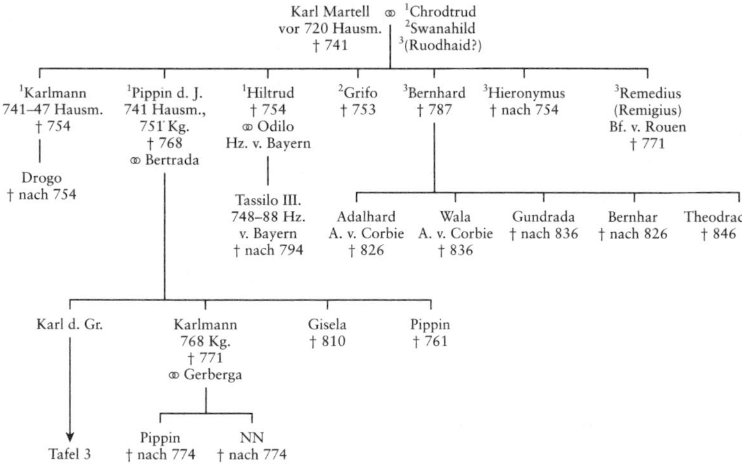

Stammtafel 2: Von Karl Martell zu Karl dem Großen (II.–IV. Generation)

der Vater die Nachfolge seiner Söhne vorstellte, ist aus den wenigen widersprüchlichen Informationen kaum mehr mit Gewissheit zu erschließen. Sicher ist nur, dass Grifo mit einem Anteil am Reich ausgestattet werden sollte, jedoch von seinen älteren Halbbrüdern ausmanövriert wurde. Sie nahmen Grifo in der Stadt Laon fest und verschleppten ihn in ein befestigtes Kastell in den Ardennen. Auf ihrem ersten gemeinsamen Feldzug teilten sie dann das Frankenreich unter sich auf. Die alte Grenze zwischen Neustrien und Austrasien war jetzt Geschichte, denn die Teilung verlief in Ost-West-Richtung durch das Land der Franken. Pippin bekam den südlichen Teil mit Paris, Reims, Trier und Metz, Karlmann den nördlichen Teil mit Rouen, Köln und Mainz. Burgund sollte zu Pippins Teilreich zählen, während Alemannien, Thüringen und das Elsass unter Karlmanns Herrschaft fielen. Aquitanien und Bayern wurden als eigenständige Herzogtümer nicht in die Teilung einbezogen.

Die Grenzen der Teilung waren neu und sollten beiden Brüdern einen Anteil an Neustrien und Austrasien verschaffen. Die Reiche waren somit ineinander verzahnt, was eine gemeinschaftliche Regierung erforderlich machte. Karlmann und Pippin zogen zusammen gegen Grifo ins Feld und zwangen auch vereint den Herzog der Aquitanier zur Unterwerfung und stellten die Unterordnung Alemanniens und Bayerns wieder her. Gemeinsam entschlossen sie sich, als sie 743 den geballten Widerstand der Herzöge und des aus der Haft geflohenen Grifo zu spüren bekamen, zur Einsetzung eines merowingischen Königs. Childerich III. war zwar politisch bedeutungslos, er sollte jedoch die eigenmächtige Teilung und die Ausschaltung Grifos legitimieren. Nur nach Sachsen zog Karlmann in den Jahren 743 und 744 alleine. Dort unterstützte er die Missionsbestrebungen des Bonifatius nachdrücklicher, als es sein Vater getan hatte. Zwar scheint die Einrichtung von Bistümern im östlichen Frankenreich für die Thüringer und Ostfranken bereits ein Werk Karl Martells gewesen zu sein, doch die erste Synode der Kirchenreformer um Bonifatius ließ erst Karlmann veranstalten: Das sogenannte *Concilium Germanicum* fand am 21. April 742 unter der Leitung des Bonifatius statt.

Die Einberufung eines Konzils war ein einschneidender Schritt, da seit mehreren Jahrzehnten keine Kirchenversammlung mehr im Frankenreich stattgefunden hatte. Bonifatius bezifferte die Lücke sogar auf 80 Jahre – und dies, obwohl das Kirchenrecht eigentlich jährlich stattfindende Versammlungen vorschrieb. Konzile waren in den Augen von Bonifatius deshalb so wichtig, weil nur so die Regeln des kirchlichen Lebens allen Klerikern und auch den Laien in Erinnerung gerufen werden konnten. Ohne die stetige Wiederholung der kirchlichen Normen (Kanones) gab es keine Möglichkeit, ihre Einhaltung einzufordern und zu überwachen. Die Einberufung von Kirchenversammlungen war also zentrales Element der Reform des Bonifatius, die im Wesentlichen zwei Ziele hatte: Hierarchisierung und Homogenisierung.

Zur Hierarchisierung zählte, dass jeder Priester einem Bischof untergeordnet sein sollte, jeder Bischof einem Erzbischof und der Erzbischof dem Papst. Auf Konzilen wurde diese klare Hierarchie in Erinnerung gerufen. Es sollte keine Wanderpriester außerhalb dieser Hierarchie geben, wie sie in den Missionsgebieten verbreitet waren, in denen Missionare ohne klare kirchliche Struktur tätig waren. Ein weiteres Anliegen des Bonifatius war die Einsetzung von Erzbischöfen. Es gab in der Spätantike zwar Metropoliten, doch diese waren bloß Vorsitzende innerhalb einer Kirchenprovinz und vor allem für die Bischofswahlen zuständig. Das Amt des Metropoliten war in der Spätantike vorwiegend ein Ehrenrecht. Erst die Angelsachsen, die seit 597 vom Papst missioniert worden waren, benutzten den Titel des Erzbischofs und gaben den Inhabern wichtige Aufsichtsrechte, weil sie von Rom aus ernannt wurden und von dort ihre Insignie erhielten, einen aus Schafswolle gearbeiteten Schal (*pallium*). Aus dieser engen Rombeziehung schöpften die Erzbischöfe eine besondere Autorität innerhalb der angelsächsischen Kirche.

Das Ziel der Homogenisierung war Bonifatius ebenfalls aus seiner angelsächsischen Herkunft mitgegeben. Die angelsächsische Kirche hielt sich viel darauf zugute, gemeinsamen Regeln zu folgen, die von Rom anerkannt waren. Dies war im 7. Jahrhundert deshalb ein Streitpunkt, weil England auch von Irland aus missioniert worden war, in Irland aber aufgrund der älteren kirchlichen Organisation zum Teil andere Bräuche vorherrschend waren. Besonders heftig hatte man sich um die Form der Tonsur bei Mönchen und um die Berechnung des Ostertermins gestritten. Letztlich setzte sich in England die römische Tradition durch, und seitdem achtete man auf eine möglichst einheitliche Ordnung. In Gallien hatten sich seit dem Ende des weströmischen Reiches ebenfalls regionale Besonderheiten im Recht und in der Liturgie herausgebildet, die Bonifatius ein Dorn im Auge waren. Er schrieb deshalb immer wieder an den Papst, um sich Direktiven einzuholen. Dabei hat er nicht selten übers Ziel hinausgeschossen: Der Papst wird sich nicht wenig über Fragen wie diese gewundert haben, nach welchem Zeitraum man Speck essen darf und ob er eher über dem Rauch getrocknet, auf dem Feuer gekocht oder ungekocht verzehrt werden soll.

Die weltliche Lebensweise mancher Prälaten im Frankenreich erregte ebenso das Missfallen des Bonifatius. Auch in diesem Punkt provozierte er Konflikte mit seinen fränkischen Amtskollegen, denn die gallischen Bischöfe hatten sich zu regionalen

Machthabern und Stadtherren entwickelt. Mit der weltlichen Macht der Bischöfe hielten aber weltliche Sitten Einzug: Bonifatius beschwerte sich über weltliche Kleidung, über Kriegsführung von Bischöfen, über einen Bischof, der wegen der Ermordung seines Vaters an einem Sachsen Blutrache übte, über die Haltung von Jagdtieren und Jagdvögeln und über Konkubinat im Klerus. Dies alles war in England nicht im gleichen Ausmaß virulent, denn dort waren die Bischöfe stärker vom Mönchtum geprägt und traten nicht gleichzeitig als weltliche Herren auf.

Ein Jahr nach dem *Concilium Germanicum* versammelte Bonifatius erneut die Bischöfe, dieses Mal in Les Estinnes im Hennegau. Die Bestimmungen des *Concilium Germanicum* wurden erneuert und zum Teil wiederholt, und zwar jetzt auf einer großen Versammlung, an der neben Karlmann über 20 Bischöfe und viele Grafen teilnahmen. In einem Punkt musste Bonifatius einen Rückzieher machen. Hatte er noch ein Jahr zuvor die Rückgabe von enteigneten Kirchengütern ohne Vorbehalte angemahnt, musste er jetzt die Forderung zurücknehmen: «Wegen der drohenden Kriege und der Einfälle der Völker ringsum» erlaubte das Konzil die temporäre Nutzung von Kirchengut zur Unterstützung des Heeres, «unter der Bedingung, dass jährlich von jeder Hofstatt ein Schilling zu zwölf Pfennigen an die Kirche oder das Kloster bezahlt werden soll». Damit war eine pragmatische Regelung gefunden, wie mit dieser Hinterlassenschaft Karl Martells umgegangen werden sollte. Karl hatte seine Feldzüge zum Teil durch Rückgriff auf Kirchengut finanziert, zum Teil hat er gegnerische Machtblöcke vernichtet, indem er die Nutzung des enormen Reichtums der Kirchen durch die regionalen Eliten unterbunden hatte. Was der politischen Notwendigkeit geschuldet war, sollte ihm jahrhundertelang eine schlechte Presse in kirchlichen Kreisen eintragen. Karl Martell war als Kirchenräuber verschrien, und seine Söhne mussten dieses Erbe bewältigen.

Wie verhielt sich Pippin zu diesen reformerischen Bemühungen seines Bruders Karlmann? Dem Kern der Anliegen des Bonifatius konnte er durchaus etwas abgewinnen. Am 2. März 744 versammelte er seine Bischöfe in Soissons. Dort wurden weitgehend wörtlich die Bestimmungen aus den Konzilen des Bonifatius wiederholt, aber auch andere Themen behandelt, die sich mehr aus der fränkischen Tradition herleiteten. Die Regelung des Kirchenguts folgte dem Kompromiss von Les Estinnes. In einer anderen Hinsicht konnte sich Bonifatius weder im Reichsteil Pippins noch bei Karlmann durchsetzen, nämlich mit seinem Anliegen der Erhebung von Erzbischöfen. Nach dem Konzil von Soissons sollten in Sens und in Reims jeweils Erzbischöfe ernannt und mit dem Pallium ausgezeichnet werden. Aber der Widerstand der fränkischen Bischöfe gegen diese Neuerung blieb hart. Im Teilreich Karlmanns gelang es Bonifatius ebenso wenig, Erzbischofssitze in Köln und in Rouen zu gründen. In Köln wollte er selbst residieren, doch musste er von diesem Vorhaben letztlich Abstand nehmen und sich mit Mainz zufriedengeben, wo er als Bischof, nicht als Erzbischof amtierte. Die Einrichtung von Erzbischofssitzen im ganzen Frankenreich konnte erst Karl der Große umsetzen.

Pippin war also gegenüber dem Einfluss des Bonifatius offen, er hatte aber auch noch andere kirchliche Berater wie den Abt Fulrad von Saint-Denis und Bischof Chrodegang von Metz. Daneben scheint er den alleinigen Anspruch des Bonifatius, den Papst im Frankenreich zu vertreten, nicht akzeptiert zu haben. Bonifatius war zwar 738 zum päpstlichen Legaten in Gallien ernannt worden – doch Pippin suchte den direkten Kontakt zum apostolischen Stuhl. Im Jahr 746 schickte er eine Gesandtschaft mit einem Katalog von 27 Fragen an den Papst. Pippin nahm sich mit diesem Verlangen nach umfassender Belehrung ein Beispiel an Bonifatius, der seit 722 den Papst mit Listen von schwierigen Fällen bedrängt hatte. Papst Zacharias sah sich genötigt, auf diese Umgehung des apostolischen Legaten durch einen Brief an Bonifatius zu reagieren. Er klärte ihn darin auf, dass Pippin «um einige Kapitel über die priesterliche Weihe und über zum Seelenheil gehörige Dinge sowie auch über unerlaubte Ehen, wie man sie beachten muss nach dem Brauch der christlichen Religion und den Weisungen der heiligen Kirchensatzungen, gebeten hat». Zudem wies er Bonifatius an, seine Antworten auf einer eigenen Synode in Karlmanns

Teilreich bekannt zu machen. Zacharias wollte die Stellung seines Legaten durch die außergewöhnliche Anfrage Pippins nicht weiter untergraben.

Pippins Anfrage an Papst Zacharias spricht jedoch eine ganz andere Sprache. Er selbst – und nicht Bonifatius – trat als Vertreter der Kirche seines Teilreichs auf und erstattete über den Zustand des Klerus Bericht. Statt wie Bonifatius Schreckensmeldungen (*mala et horribilia*) nach Rom zu melden, äußerte Pippin kein schlechtes Wort über den Zustand der Kirche. Dies geht aus dem Antwortschreiben des Zacharias hervor: «Groß ist die Freude, die wir empfinden, wenn wir aus dem Bericht unseres Sohnes, des erhabensten und von Gott geschützten Pippin, von dem guten Lebenswandel von Euch allen erfahren ..., und dass Ihr als Bischöfe, Priester und fromme Äbte, wie es sich gebührt, Euch in heiliger Haltung und priesterlichem Lebenswandel verhaltet ...». Pippins Initiative zeigt sein Bemühen, Bonifatius an der Übersendung von Berichten über den verwahrlosten Zustand der fränkischen Kirche zu hindern. Er nahm für sich die Leitung der fränkischen Kirche in Anspruch und verdrängte Bonifatius zunehmend aus seiner Position.

Karlmann und Pippin verfolgten also unterschiedliche Wege in ihrer Kirchenpolitik. Spricht dieser Befund für eine intensive Rivalität zwischen den Brüdern? Es gab gewiss Unstimmigkeiten und unterschiedliche Akzente in der Kirchenreform, aber das war bei zwei unterschiedlichen Persönlichkeiten nicht anders zu erwarten. Pippin konnte Bonifatius nicht im selben Ausmaß als Leiter der fränkischen Kirche akzeptieren wie sein Bruder, da der Missionar im Osten seinen Schwerpunkt hatte, als ein Mann Karlmanns galt und in der fränkischen Kirche eine Menge Feinde hatte. Aber ein tiefer Graben zwischen den Brüdern scheint nicht bestanden zu haben. Dieser wurde erst geöffnet, als Karlmann sich zu einem folgenschweren Rückzug aus der Politik entschloss.

Im August oder September 747 trat Karlmann eine Reise nach Rom an, um sich als Mönch in das von ihm gegründete Kloster zu Ehren des hl. Silvester zurückzuziehen. Dieser Schritt war für fränkische Verhältnisse ohne Beispiel und hat mit Sicherheit für große Unruhe gesorgt. Karlmanns Entscheidung ist nur dann verständlich, wenn man berücksichtigt, dass sein Haus bestellt war. Er hatte mehrere Söhne, darunter den ältesten Sohn Drogo, den er seinem Bruder Pippin anvertraute und der in den Briefen des Bonifatius bereits als Hausmeier und Nachfolger im Teilreich betrachtet wurde. Vielleicht hatte Karlmann sogar die Hoffnung, dass sein Bruder kinderlos bleiben würde. Vieles deutet nämlich darauf hin, dass Karl der Große erst am 2. April 748 geboren wurde, nachdem Pippin und seine Frau einige Jahre vergeblich auf Nachwuchs gewartet hatten. Die Rechnung Karlmanns ging jedoch nicht auf. Pippin sah nach der Geburt seines Sohnes Karl vielmehr die Zeit gekommen, seine Königserhebung in die Wege zu leiten.

Zwei Jahre vergingen ohne Krieg, bevor sich Pippin 751, vermutlich zu Weihnachten, zum König erheben ließ. In dieser Zeit schickte er eine Legation an Papst Zacharias. Vier Jahrzehnte später will sich eine Quelle genau daran erinnern, welche Frage dem Papst vorgelegt worden sei. Die Reichsannalen (*Annales regni Francorum*) berichten: «Bischof Burchard von Würzburg und der Kaplan Fulrad wurden zu Papst Zacharias geschickt und befragten ihn hinsichtlich der Könige im Frankenreich, die zu jenen Zeiten keine königliche Macht ausübten, ob dies gut sei oder nicht. Und Zacharias wies Pippin an, dass es besser sei, jenen König zu nennen, der die Macht ausübe, als jenen, der ohne königliche Macht blieb. Damit die Ordnung nicht gestört werde, befahl er mit apostolischer Autorität, dass Pippin zum König gemacht werde.» Die Korrektheit des Berichts kann nicht überprüft werden, da die Reichsannalen als einzige Quelle ca. 40 Jahre später den Inhalt der päpstlichen Antwort überliefern. Das Original ist nicht erhalten. Dass es eine solche Anfrage gab, wird jedoch durch eine zeitgenössische Quelle bestätigt. Pippin setzte damit seine Politik fort, direkt mit dem römischen Papst in Kontakt zu treten, wie er es bereits im Jahr 746 in kirchenrechtlichen Fragen getan hatte.

Warum aber hielt es Pippin für angebracht, seine Königserhebung vom Papst sanktionieren zu lassen? Hat der Papst tatsächlich den Dynastiewechsel «befohlen»? Da der Briefwechsel zwischen Pippin und Zacharias verloren ist, sind Aussagen darüber nur sehr schwierig zu treffen. Sicher ist, dass Pippin die Antwort des Papstes im Voraus kannte. Zacharias traf keine Entscheidung über das Königtum, sondern er vermittelte der Königserhebung eine zusätzliche Legitimation. Zur Frage, warum dies notwendig erschien, gibt es verschiedene mögliche Erklärungen. Pippin hat sich vielleicht von den Treueiden entbinden lassen wollen, die er wenige Jahre zuvor dem neu eingesetzten Childerich geschworen hatte. Oder er hat vermeiden wollen, dass sein in der Nähe des Papstes weilender Bruder Karlmann Gründe haben würde, gegen die Ausschaltung seiner Söhne zu opponieren. Möglich ist aber auch, dass Pippin lediglich den Papst über den Dynastiewechsel in Kenntnis setzte und diese Kenntnisnahme später zu einem «Befehl» umgedeutet wurde.

Die Anfrage an den Papst war jedenfalls ungewöhnlich, denn das Königtum der Franken war bislang nicht auf diese Weise zur Diskussion gestellt worden. Die Königserhebung war aber noch auf eine andere Weise neuartig. Pippin ließ sich nämlich nicht nur auf den Königsthron erheben und von seinen Getreuen huldigen, wie es bislang bei den Merowingern gebräuchlich war. Er brachte die anwesenden Bischöfe auch dazu, ihn durch eine Salbung mit geweihtem Öl auszuzeichnen. Dazu wurde dem König die Krone abgenommen, und die Bischöfe salbten sein Haupt, seine Schultern und seine Hände. Dieses Ritual hatte im Frankenreich noch niemand zuvor gesehen. Dass man Könige salbte und dass somit Bischöfe in der Königserhebung eine privilegierte Stellung einnahmen, war vollkommen neu. Was Pippin damit ausdrücken wollte, ist nur allzu deutlich: Er ahmte ein Ritual nach, durch welches im Alten Testament Saul durch den Propheten Samuel zum ersten König Israels erhoben wurde. Dieses Ritual signalisierte zugleich die Hervorhebung des Königs gegenüber dem Volk und die Heiligung einer neuen Dynastie durch die Bischöfe. Denn in die Königserhebung wurde auch Pippins Frau Bertrada und somit indirekt deren Nachkommenschaft einbezogen.

Der Dynastiewechsel war also kein leiser Wandel; er wurde

vielmehr durch die Anfrage an den Papst und die bischöfliche Salbung sehr ‹geräuschvoll› inszeniert. Pippin wollte offensichtlich Aufmerksamkeit erregen, die durch eine Gesandtschaft an den Papst und durch die Anwesenheit der weltlichen und geistlichen Elite notwendigerweise hervorgerufen wurde. Dies war erforderlich, weil die Nachfolge unter den Nachkommen Karl Martells noch immer strittig war. Karlmanns Sohn Drogo hatte ebenso einen Anspruch auf einen Anteil an der Herrschaft wie der noch immer unzufriedene Halbbruder Grifo. Pippin hatte versucht, den Halbbruder durch die Ausstattung mit einer ansehnlichen Anzahl von Grafschaften zwischen Seine und Loire ruhigzustellen, doch um 748 flüchtete Grifo zum Herzog von Aquitanien und befand sich erneut in offener Rebellion. Karlmann und Papst Zacharias setzten sich sogar brieflich bei Pippin für Grifo ein. In die Wirren um das Erbe Karl Martells waren also neben der Elite des Frankenreichs auch der Herzog von Aquitanien und der römische Papst involviert. Der Dynastiewechsel sollte daher jeden Zweifel in der Frage der Erbfolge beseitigen.

Die neuartigen Elemente der Königserhebung erklären sich folglich aus der historischen Situation des Jahres 751. Es ist daher nicht nötig, sie mit einer neuartigen Vorstellung vom Königtum zu verknüpfen. Ob Pippin nämlich eine wesentlich andere Vorstellung vom Königtum hatte als seine merowingischen Vorgänger, ist mehr als zweifelhaft. Die fränkischen Könige aus der merowingischen Familie hatten sich ebenfalls als göttlich eingesetzte Herrscher betrachtet, auch wenn sie nicht gesalbt worden waren. Sie waren daher ebenso gezwungen, ihre Eignung durch Kriegstüchtigkeit, maßvolles Strafen und einvernehmliches Handeln unter Beweis zu stellen, wenn sie keine Rebellionen heraufbeschwören wollten. Und Pippin selbst und seine Nachfolger hielten wie ihre Vorgänger am dynastischen Gedanken fest, ja der Erhebungsakt von 751 diente gerade dazu, die Wirren innerhalb der Familie durch dynastische Sicherheit zu beenden. Insofern war 751 lediglich der Anfang eines sich allmählich vollziehenden Wandels. Die Fixierung des Rituals der Königserhebung mit Krönung und Salbung in einem liturgischen

Rahmen, wie sie die europäischen Monarchien bis ins 19. Jahrhundert praktizierten, vollzog sich erst am Ende der karolingischen Epoche.

Die Anfrage an Papst Zacharias setzte folglich die Befragung des Papstes fort, die Bonifatius im Frankenreich etabliert und die Pippin bereitwillig aufgegriffen hatte. Ein politisches Bündnis gegen andere Königreiche war damit nicht geplant. Erst die Konflikte zwischen dem apostolischen Stuhl und den langobardischen Königen trieben den Nachfolger des Zacharias, Stephan II., in die Arme des fränkischen Königs. Den Langobarden war es seit ihrem Einfall in Italien im Jahr 568 nie gelungen, die ganze Halbinsel ihrer Herrschaft zu unterwerfen. Der (ost-) römische Kaiser in Konstantinopel hielt an der Zugehörigkeit von Sizilien, Apulien, Kalabrien sowie der Gebiete um Neapel, Rom, Ravenna und Venedig fest. Im Zuge der Belagerung von Konstantinopel durch das islamische Kalifat (717/18) war jedoch der Kaiser kaum mehr in der Lage, militärische Präsenz in Italien zu zeigen und den Restbesitz gegen Angriffe der langobardischen Könige zu schützen. Konfiskationen des Kirchenbesitzes in Sizilien und theologische Uneinigkeiten in der Frage der Bilderverehrung taten ihr Übriges, um den Kaiser in Konstantinopel und den Papst in Rom einander zu entfremden. Als der langobardische König Aistulf im Jahr 752 erneut Grenzkorrekturen verlangte, wandte sich Papst Stephan II. in einer spektakulären Flucht an König Pippin um Hilfe. Nach einer letzten gescheiterten Verhandlung in der Hauptstadt Pavia zog Stephan 753 als erster römischer Papst über die Alpen, um Pippin im Frankenreich zu treffen.

Pippin dürfte die Entscheidung keineswegs leichtgefallen sein. Die Langobarden zählten traditionell zu den Verbündeten der Franken, Pippin selbst war von einem Vorgänger Aistulfs adoptiert und damit in die Königsfamilie aufgenommen worden (ca. 737). Darüber hinaus lag die Schuldfrage keineswegs so klar zu Tage, wie es die päpstlichen Quellen suggerieren. Aistulf betrachtete sein Vorgehen als legitimen Krieg gegen den Restbesitz des byzantinischen Kaisers, während der Papst sich zum Schutzherrn nicht nur Roms, sondern auch der byzantinischen Territorien aufgeschwungen hatte. Pippin hatte daher noch vor der Reise Stephans Gesandte zur Vermittlung an den langobardischen Königshof geschickt, allerdings ohne Erfolg. Noch während der Anwesenheit Stephans im Frankenreich (Januar bis Juli 754) gingen insgesamt drei Gesandtschaften nach Italien. Selbst sein Bruder Karlmann wurde in den diplomatischen Austausch involviert und reiste auf Bitten Aistulfs persönlich ins Frankenreich. Schließlich musste Pippin den Widerstand der fränkischen Großen gegen einen Kriegszug nach Italien brechen, von denen sich einige «so sehr seinem Vorhaben widersetzten, dass sie ganz offen erklärten, sie würden den König verlassen und nach Hause zurückkehren» (Einhard).

Der Papst verstand es aber, seine ganze Autorität in die Waagschale zu werfen. In Briefen an den König und an die fränkische Elite versprach er himmlische Belohnung für den Kampf gegen die Langobarden: «Und wir sind überzeugt, dass Euch für den Kampf, den Ihr für seine Kirche, Eure geistliche Mutter, führen werdet, Eure Sünden vom Apostelfürsten vergeben werden und dass ihr für Eure Mühen den hundertfachen Lohn aus der Hand Gottes erhalten und das ewige Leben besitzen werdet.» Petrus werde «als Schlüsselträger des himmlischen Königreiches Euch die Tür öffnen und Euch zum ewigen Leben führen. Aber gebt Acht, meine Söhne, und bemüht Euch eifriger, das zu erlangen, was wir Euch gewünscht haben. Denn wie Ihr wisst, wird derjenige, der zur anderen Seite abweicht, vom Erbe der ewigen Seligkeit ausgeschlossen».

Diese Worte dürften ihre Wirkung nicht verfehlt haben. Für den König selbst hatte der Papst noch einen besonderen Gunsterweis in der Hinterhand. Kurz vor dem gemeinsamen Aufbruch nach Italien bestätigte er auf doppelte Weise das Königtum Pippins. In der Abtei Saint-Denis ernannte der Papst den König zum Schutzherrn (*patricius*) der Römer, salbte ihn erneut und vollzog zugleich dieselbe Handlung an den beiden Söhnen Karl und Karlmann. Die fränkischen Großen erhielten ebenso eine Segnung und wurden einem späteren Bericht zufolge unter Androhung der Exkommunikation darauf verpflichtet, niemals einen König aus einem anderen Geschlecht zu erheben. Zugleich unterband Stephan die Gesandtschaft Karlmanns und setzte ihn unter Hinweis auf sein Mönchsgelübde in einem fränkischen Kloster fest. Auch Karlmanns Nachkommen wurden zu diesem Zeitpunkt in ein Kloster eingewiesen und somit politisch unschädlich gemacht. Nachdem Grifo bereits im Jahr 753 auf der Flucht zu den Langobarden von Pippins Männern getötet worden war, hatte Pippin keine Rivalen aus der eigenen Familie mehr zu fürchten. Der Papst hatte seinen Teil dazu beigetragen.

Das Treffen von Papst und König war ein Treffen auf Augenhöhe. Bei der ersten Begegnung in der Pfalz Ponthion stieg Pippin vom Pferd, warf sich «in großer Demut» zu Boden und geleitete dann das Pferd des Papstes «als sein Marschall». In der Residenz des Königs angekommen, erwiderte der Papst diese Demutsgeste: «Er warf sich zusammen mit seinem Klerus, mit Asche überschüttet und in ein härenes Gewand gekleidet, auf den Boden und flehte den König Pippin bei der Gnade des allmächtigen Gottes und bei den Verdiensten der seligen Apostel Petrus und Paulus an, ihn und das römische Volk aus der Gewalt der Langobarden zu befreien». Während des gemeinsamen Osterfestes in der Residenz Quierzy gingen beide einen «Bund gegenseitiger Liebe» ein. Pippin verpflichtete sich zum Kriegszug gegen die Langobarden und zur Restitution der ehemals byzantinischen Gebiete an den Papst.

Als Folge dieser Abmachungen zog Pippin noch im Jahr 754 gegen die Langobarden. Nach einem rasch errungenen Sieg schloss er den König in dessen Hauptstadt Pavia ein und zwang ihn zu Friedensverhandlungen sowie zur Rückgabe eroberter Gebiete. Aistulf ließ jedoch in den nächsten Jahren nicht locker und bedrohte abermals Städte, für die der Papst sich zuständig betrachtete. Stephan II. richtete daraufhin erneut Bittbriefe an den fränkischen König und forderte ihn beschwörend zur Einlösung seiner Versprechungen auf. Im Jahr 756 überquerte Pippin ein zweites Mal die Alpen. Aistulf musste nach einer militärischen Niederlage demütigende Friedensbedingungen akzeptieren. Ein Drittel des Königsschatzes lieferte er an Pippin aus, stellte Geiseln und verpflichtete sich zur Zahlung regelmäßiger Tribute.

Obwohl es in den folgenden Jahren für Pippin keine Notwendigkeit gab, in Italien Präsenz zu zeigen, hielt er den engen Kontakt mit dem römischen Papst aufrecht. In ihren Briefen stärkten Stephan II. und seine Nachfolger das bereits vorhandene Sendungsbewusstsein der fränkischen Elite: Aufgrund des erfolgreich ausgeübten Schutzes über die höchste geistliche Autorität in der christlichen Welt verfestigte sich die Idee einer besonderen Auserwähltheit der Franken.

Das Papsttum hatte somit im Jahr 754 keinen geringen Einfluss auf die Festigung von Pippins Königtum. Die Rivalen aus der eigenen Familie waren seitdem beseitigt. Doch hat sich Pippins Herrschaft im Frankenreich durch den Königstitel grundlegend verändert? Im Verhältnis zu den verbliebenen Herzögen in Bayern und Aquitanien ist kein Bruch zu erkennen. Pippin ließ seinem Neffen, dem bayerischen Herzog Tassilo III., die weitgehende Eigenständigkeit, die bereits seine Vorfahren genossen hatten. Tassilo beteiligte sich am zweiten Italienzug Pippins und leistete im folgenden Jahr (757) bei einer Reichsversammlung einen Treueid gegenüber dem König. Nur einmal scheint es zu einer schweren Verstimmung zwischen Onkel und Neffe gekommen zu sein. 763 weigerte sich Tassilo aus unbekannten Gründen, an einem Heerzug Pippins teilzunehmen. Sogar der Papst wurde eingeschaltet, um zwischen den nahen Verwandten zu vermitteln. An eine Beseitigung des Herzogtums dachte Pippin trotz dieser Unstimmigkeiten wohl nie.

Anders gestaltete sich das Verhältnis Pippins zum aquitanischen Herzog Waifar. Aquitanien erstreckte sich von der Mündung der Loire bis zu den Pyrenäen und umfasste so bedeutende Städte wie Bourges, Toulouse, Bordeaux, Clermont, Limoges und Poitiers. Das Land lag im Vergleich zu Bayern nicht nur weit näher am Kernraum des fränkischen Königtums um Paris, es war auch durch den kirchlichen Fernbesitz von Klöstern und Bischofskirchen eng mit dem Norden des Frankenreichs verbunden. Zudem lag dort mit der Silbermine in Melle (nahe Poitiers) der wichtigste Ort für die Prägung fränkischer Denare. Es überrascht daher nicht, dass Pippin im Jahr 760 mit einem Angriffskrieg gegen den Herzog einen langjährigen Kampf einleitete, der erst kurz vor dem Tod des Königs am 24. September 768 erfolgreich beendet werden konnte.

Anlass für den Krieg bot die unsichere Situation im Raum Septimanien (heute: Languedoc). Der schmale Küstenstreifen an der Mittelmeerküste mit dem Hauptort Narbonne zählte zum islamischen Herrschaftsbereich, als im Jahr 750 die Abbasiden die Macht im Kalifat übernahmen. Spanien mit Septimanien wurde in den folgenden Jahren das Rückzugsgebiet des letzten Mitglieds aus der verdrängten Kalifenfamilie der Umayyaden. Diese unsichere Situation nutzte der Herzog von Aquitanien aus, um im Jahr 756/57 Narbonne zu überfallen und auszuplündern. Die mehrheitlich christliche Bevölkerung von Septimanien wandte sich daraufhin an König Pippin und bot die Unterwerfung unter der Bedingung an, weiterhin nach ihrem gotischen Recht leben zu dürfen. 759 gelang den Franken die Eroberung Narbonnes und die Vertreibung der arabischen Besatzung. Pippin beherrschte somit die gesamte Mittelmeerküste Galliens bis zu den Pyrenäen, konnte aber wegen der halb-autonomen Stellung Aquitaniens kaum auf diesen Raum zugreifen. Er provozierte daher den Krieg gegen den Herzog Waifar, indem er von ihm Wiedergutmachung für den zurückliegenden Überfall auf Narbonne verlangte und sich zudem auf Beschwerden der Kirchen berief, die ihren Fernbesitz in Aquitanien durch herzogliche Steuereintreibung gefährdet sahen.

Der Krieg verlief allerdings nicht so glatt wie erwartet. Das fränkische Heer zog insgesamt sechs Mal nach Aquitanien und kämpfte sich Schritt für Schritt vor, bis es 766 den Fluss Garonne erreichte und ein Jahr später mit Toulouse die am weitesten südlich gelegene Stadt einnahm. Erst 768 fiel Herzog Waifar auf der Flucht einem Anschlag aus den eigenen Reihen zum Opfer. Die Würde des Herzogs wurde nicht erneut vergeben, vielmehr übergab Pippin Aquitanien an seine beiden Söhne Karl und Karlmann.

Gegenüber den Herzögen bot also der Königstitel keinen erkennbaren Vorteil. Das Niederringen Waifars war dadurch nicht einfacher. In anderen Bereichen verschaffte die neue Stellung aber durchaus Vorteile, die Pippin zu nutzen wusste. So verkündete er bald nach der Königserhebung einen Herrschererlass (Kapitular), welcher sich mit dem Münzfuß, der königlichen Abgabenbefreiung (Immunität) und mit den Zöllen befasste. Die Wahrung des weltlichen Rechts war eine Aufgabe, die dem König oblag und die daher erst nach 751 dem Zugriff Pippins offenstand. Vermutlich im Jahr 764 ließ Pippin eine Neufassung des alten fränkischen Rechts zusammenstellen, der über 250 Jahre alten *Lex Salica*. Aktuell war dieses Gesetzbuch keineswegs mehr. Doch es symbolisierte wie kein anderer Text die Sonderstellung der Franken und damit ihre Identität. Pippin stellte dem Text eine Vorrede voran, in der er sich in die Tradition der großen merowingischen Könige einreihte, die das fränkische Recht hatten aufzeichnen lassen. Die Franken werden in der Vorrede als «herrliches Volk» gepriesen, das «auf Eingebung Gottes» Gerechtigkeit und Weisheit verwirkliche und immer «frei von Häresie» geblieben sei. Pippin setzte also die neuen gesetzgeberischen Möglichkeiten dazu ein, seine monarchische Herrschaft zur Geltung zu bringen und Kontinuität zu signalisieren: Kontinuität mit der siegreichen und von Gott gesegneten Geschichte der Franken.

Größeren Nutzen bei der Integration des Vielvölkerreiches versprachen die Versammlungen der Bischöfe auf Synoden. Schließlich kamen zu dieser Gelegenheit die kirchlichen Würdenträger aus den meisten Regionen des Frankenreichs zur Beratung zusammen. Neben den jährlichen Reichsversammlungen, die zur Vorbereitung von Kriegszügen dienten, waren die Synoden die einzige Möglichkeit, die regionale Struktur des Großreichs aufzubrechen. Pippin machte davon häufig Gebrauch, insbesondere in den Anfangsjahren. Nachdem die Frage des Kirchenguts im Einvernehmen mit dem Papst und mit Bonifatius 752 geklärt worden war, widmeten sich die Synoden vornehmlich einer Frage: der richtigen Eheschließung. Zwei Synoden (756–757) befassten sich sogar ausschließlich mit den Gründen, die eine Scheidung ermöglichten, und mit den Verwandten, die nicht zu einer Ehe zugelassen waren. Wenn daher das Königtum Pippins eine einschneidende Veränderung hervorrief, so betraf sie die Etablierung eines neuen Eherechts: Die

Ehe sollte prinzipiell (aber mit anerkannten Ausnahmen) unauflösbar sein und nicht unter Verwandten geschlossen werden dürfen.

Das Eherecht bot sich aus verschiedenen Gründen für eine solche Markierung des Umbruchs an. Pippin signalisierte dadurch Übereinstimmung mit dem Papst, der seit der Spätantike für die Unauflösbarkeit der Ehe eingetreten war; er bezog sich auf eine Norm, die in der Heiligen Schrift verankert war und die deshalb von den Franken als «auserwähltem Volk» einzuhalten war; und die Norm betraf alle Einwohner, sofern sie nicht zölibatär lebten, und bezog die Bischöfe ein, ohne die eine Überwachung der Regeln nicht gewährleistet werden konnte. Die Bischöfe als diejenigen, die an der Königserhebung von 751 mitgewirkt hatten und auch auf Pippins Sterbebett der Reichsteilung ihren Segen erteilten, waren von Anfang an am neuen Regime beteiligt. Der neue König band die einzigen Institutionen des Reiches ein, die es gab: die Bischofskirchen und Abteien, die im ganzen Reich verstreut waren und über gemeinsame Synoden einen eigenen Kommunikationsraum bildeten.

Die Politisierung der Ehe hatte langfristige Konsequenzen für das karolingische Frankenreich. Diskussionen und Prozesse um die neuen Normen flackerten im 8. und 9. Jahrhundert immer wieder an kritischen Zeitpunkten auf, weil die Formbarkeit der Dynastie durch das Eherecht erheblich eingeschränkt wurde. Diese Markierung des Umbruchs blieb aber die einzige, die Pippin anstrebte. Wenn die Königserhebung von 751 durch die Anfrage an den Papst und die Salbung der Bischöfe unkonventionell erfolgte, so war dies in erster Linie den innerdynastischen Konfliktlinien geschuldet. Das Verständnis vom Königtum änderte sich erst allmählich im Verlauf des 9. Jahrhunderts. Pippin stellte sich vorwiegend in die fränkische Tradition. In seinen Urkunden, in seiner Hauschronik (sog. Fredegar-Fortsetzung) und im Prolog zur *Lex Salica* betonte er die Kontinuität zu seinen Vorgängern auf dem Königsthron und stellte nicht die Dynastie, sondern die ‹Volksgemeinschaft› der Franken in den Mittelpunkt. Pippin steht zwar oft im Schatten seines berühmten Sohnes Karl, doch das deutliche Einschreiben in die fränkische Tradition blieb eine dauerhafte Hinterlassenschaft des ersten Königs aus der karolingischen Familie. Er begründete eine Dynastie – ohne ihr einen Namen zu geben.

4. Karl der Große: Die Errichtung eines christlichen Kaiserreichs

Der Aufstieg der Karolinger beruhte in erster Linie auf militärischer Stärke. Seit Karl Martell wurde beinahe jährlich Krieg geführt, häufig in entlegenen Regionen des Frankenreichs an der Weser oder am Mittelmeer. Grundbedingung der militärischen Erfolge waren nicht technische Innovationen oder die Umstellung auf eine gepanzerte Kavallerie, wie die ältere Forschung annahm. Ausschlaggebend waren vielmehr zwei Faktoren: Zum einen konnte Karl Martell nach Jahrzehnten des Niedergangs der Königsmacht und der Spaltung zwischen Neustrien und Austrasien die Francia nördlich der Loire politisch einen und alle Franken für die Wiederherstellung fränkischer Hegemonie im Reich gewinnen. Zum anderen profitierten er und seine Nachfahren von dem enormen wirtschaftlichen Aufschwung und der Zunahme der Bevölkerung im Frankenreich. Beides zusammen ermöglichte den karolingischen Heerführern die Anwendung der «Doktrin der absoluten Übermacht» (Bernard S. Bachrach). Jahr für Jahr versammelten sie eine gewaltige Armee und verpflichteten die Krieger so lange im Feld zu bleiben, bis die befestigten Städte der Gegner durch Belagerung bezwungen waren. Die Heerführer brauchten daher eine ausgewogene Mischung von berittenen Kriegern, Fußsoldaten und Belagerungstechnikern, um ihre Gegner im Rahmen der defensiven Grundstruktur frühmittelalterlicher Kriegsführung zu überwinden.

Karl der Große erbte somit eine funktionierende militärische Organisation. Für seine Zeit ist durch reiches Quellenmaterial darüber hinaus zu erkennen, dass die fränkischen Könige grundsätzlich an der Pflicht zum Militärdienst für die gesamte grundbesitzende Bevölkerung des Reiches festhielten. Zu diesem Zweck ordnete Karl der Große an, dass sich alle, die über weniger als ein Mindestmaß an Grundbesitz verfügten, zu einem Gestellungsverband zusammenschließen und gemeinsam einen Krieger abstellen sollten. Man hat daraus ein Gesamtpotential von 100 000 Mann für das Frankenreich unter Karl dem Großen errechnet. Zweifellos ließ der König nie zum selben Zeitpunkt alle Heerdienstpflichtigen ausheben, nicht zuletzt weil er oft an verschiedenen Fronten Krieg führte und sich außerdem der schweren Belastungen für die Bevölkerung bewusst war. Bei größeren militärischen Operationen wie bei den Awarenkriegen wird die Stärke seiner Armee aber doch beträchtlich gewesen sein und möglicherweise im niedrigen fünfstelligen Bereich gelegen haben. Dabei forderten die Kriege nicht immer einen hohen Blutzoll, da die Doktrin der absoluten Übermacht die Einschüchterung und Kapitulation der Gegner zum Ziel hatte. Nur in Sachsen ist diese an spätantik-römischen Strukturen orientierte Strategie zum Scheitern verurteilt gewesen.

Wie gedachte nun Karl der Große, diesen schlagkräftigen Militärapparat zu nutzen? Über einen Masterplan, der zu Anfang seines Regierungsantritts bestanden hätte, ist nichts bekannt. Man wird aber vermuten können, dass er die politischen Projekte seines Großvaters und seines Vaters zum Abschluss bringen wollte. Das vorrangige Ziel – die Wiederherstellung fränkischer Hegemonie – war gegenüber dem bayerischen Herzog und dem Sachsenvolk noch nicht vollends durchgesetzt worden. Mithin waren Operationen gegen Bayern und Sachsen zwingend erforderlich, die eine folgenreiche Verschiebung des Frankenreichs nach Osten zur Konsequenz hatten. Für die anderen Kriegszüge lässt sich eine Motivation Karls des Großen von Beginn an nicht wahrscheinlich machen, vielmehr reagierte der König auf sich ergebende Gelegenheiten, die unmöglich vorherzusehen waren. Dass er so früh schon das Kaisertum im Blick gehabt hätte, ist kaum denkbar.

Gegen einen Masterplan spricht auch ganz konkret die Ausgangsposition. Karl der Große erbte nur den nördlichen Reichsteil, während im Süden sein Bruder Karlmann zum König erhoben wurde. Das Verhältnis der beiden war nicht das beste. Als Karl im ersten Jahr seiner Herrschaft nach Aquitanien zog, welches unter gemeinschaftlicher Verwaltung der Brüder stand, verweigerte Karlmann die Unterstützung. Karl revanchierte sich ein Jahr später, indem er eine Tochter des langobardischen Königs Desiderius zur Frau nahm und damit ein Bündnis über das Teilreich seines Bruders hinweg nach Italien schmiedete. Karl verließ sogar seine bisherige Frau Himiltrud, die ihm bereits einen Sohn – Pippin – geschenkt hatte, um diese Chance zur Einkreisung seines Bruders zu nutzen. Er nahm dafür auch Ärger mit dem Papst in Kauf: Stephan III. protestierte vehement gegen diese politische Allianz, weil er befürchtete, den fränkischen Schutz vor den territorialen Ansprüchen des langobardischen Königs zu verlieren.

Die sich aufbauende brüderliche Rivalität kam jedoch zu einem abrupten Ende, als Karlmann am 4. Dezember 771 verstarb. Karl zögerte nicht lange, sondern zog mit der Zustimmung der führenden geistlichen und weltlichen Großen den Reichsteil seines Bruders an sich. Den gerade erst geborenen Sohn seines Bruders wollte er nicht an der Macht teilhaben lassen. Seine Mutter flüchtete mit ihm zum langobardischen König Desiderius, dessen Tochter Karl der Große ungefähr zur selben Zeit verstoßen und nach Italien zurückgeschickt hatte. Diese Aktion des abrupten Bündniswechsels und der Verdrängung der Familie seines Bruders ist zwar gewiss ein Indiz für den unbändigen Machtwillen Karls, sie war aber auch einfach deshalb konsequent, weil die Franken das Königtum den Karolingern aufgrund ihrer Machtstellung übertragen hatten und deshalb kaum einen Kindkönig von nicht einmal einem Jahr akzeptiert hätten. Eine unmittelbare Folge davon war allerdings, dass sich das Verhältnis zu den Langobarden deutlich verschlechterte.

Anfang des Jahres 772 hatte Karl somit erstmals freie Hand. Er wandte sich zunächst gegen den scheinbar leichtesten Gegner, die Sachsen. Das fränkische Heer eroberte die Eresburg (südlich von Paderborn) und zerstörte in der Nähe ein sächsisches Heiligtum, einen Irminsul genannten Baum. Von dort zog Karl noch 50 Kilometer ostwärts an die Weser, wo er zwölf Geiseln der Sachsen in Empfang nahm, um Racheaktionen an den Franken zu unterbinden. Die Zerstörung des Heiligtums geschah in Nachahmung des Missionars Bonifatius, der einige Jahrzehnte zuvor in Fritzlar eine dem heidnischen Gott Donar geweihte Eiche gefällt hatte. Karl setzte somit ein für alle erkennbares Zeichen, dass die Christianisierung der Sachsen ein vordringliches Ziel seiner Herrschaft sein würde.

An der Fortführung dieser Politik wurde Karl aber zunächst gehindert. Im nächsten Jahr meldete sich nämlich Papst Hadrian I. durch Gesandte am Hof des Königs und ließ von Vorstößen des Königs Desiderius berichten, die sich gegen die Besitzungen des hl. Petrus gerichtet hätten. Karl kam dieser Hilferuf sicher gelegen, da Desiderius den Sohn Karlmanns als Faustpfand eingesetzt und vom Papst seine Erhebung zum fränkischen König gefordert hatte. Nachdem Verhandlungen gescheitert waren, zog Karl im Spätsommer 773 über die Alpen und überwand ohne große Schwierigkeiten die langobardischen Besatzungen an den Alpenpässen. Noch im Herbst setzte die Belagerung der Hauptstadt Pavia ein, die sich über ein halbes Jahr hinzog. Karl verließ im März 774 das Heer, um in Rom gemeinsam mit dem Papst Ostern zu feiern. Die Verehrung des Königs für die Heilige Stadt ist gut dokumentiert: Wie ein Pilger küsste er in St. Peter jede einzelne Stufe der Treppe, bevor er vom Papst in Empfang genommen wurde. Vor dem Grab Petri warf er sich mit seinen Begleitern auf den Boden und sprach Dankgebete für die Schlachtenhilfe des Apostelfürsten. Bei dieser Gelegenheit erneuerte er auch das Schutzversprechen seines Vaters Pippin und fertigte eine Urkunde über die Gebietszusagen an den Papst aus, die am Petrusgrab deponiert wurde. Bald nach seiner Rückkehr zum Heer fielen Pavia und die langobardische Königsfamilie in seine Hände. Anders als sein Vater schloss Karl jedoch keinen Friedensvertrag, sondern erweiterte seinen Titel zu *rex Francorum et Langobardorum* und regierte seitdem beide Reiche in Personalunion. Desiderius wurde hinter fränkische Klostermauern gebracht, während die Familie seines Bruders Karlmann seither aus den Geschichtsbüchern verschwunden ist.

Die lange Abwesenheit Karls nutzten die Sachsen zum Gegenschlag. Dieses Muster wiederholte sich in den folgenden Jahrzehnten bis zur endgültigen Unterwerfung der Sachsen im Jahr 804 mehrfach. Der Sachsenkrieg wurde damit – so Karls Biograph Einhard – zum «langwierigsten, grausamsten und für das Frankenvolk anstrengendsten, den es je geführt hat». Den Grund für diese Widerstandsfähigkeit sah Einhard allein im Wesen der Sachsen: «Denn die Sachsen, die wie fast alle Völker auf dem Boden Germaniens wild von Natur, dem Götzendienst ergeben und gegen unsere Religion feindselig waren, hielten es nicht für unehrenhaft, göttliches und menschliches Recht zu schänden und zu übertreten». Es ist sicher richtig, dass die Sachsen als ein Volk, welches von römischer Kultur nie berührt worden war, in anderen politischen, religiösen und kulturellen Strukturen organisiert waren als die Franken. Sie hatten kein Königtum und keine städtischen Siedlungen. Wissen über ihren Lebensraum war kaum vorhanden. Aber die lange Dauer des Krieges ist auch als ein Indiz für das Scheitern der fränkischen Strategie gegenüber der ‹Guerilla-Taktik› der rebellierenden Sachsen zu verstehen. Zur Befriedung führten weder die Eroberung von Befestigungen oder die wenigen offenen Feldschlachten (783) noch die erzwungene Christianisierung oder die abgepressten Treueide. Karl konnte den Widerstand nur mit neuartigen Mitteln brechen: mit drakonischen Strafen, Massendeportationen und Umsiedlungen.

Für Karl war dies allerdings ein langer Lernprozess. Nach mehreren Feldzügen in den Jahren 775 und 776 schien zunächst die Unterwerfung gelungen. Im Frühjahr 777 berief Karl eine Reichsversammlung ins sächsische Paderborn und nahm dort die Huldigung der Sachsen entgegen. In diesem Rahmen kam es zu Massentaufen, die Karl als Abschluss des Unternehmens inszenierte. Allein Widukind, einer ihrer Anführer, hatte sich diesem Spektakel durch die Flucht zum dänischen König entzogen.

Der Erfolg des fränkischen Königs wurde auch in weit entfernten Regionen wahrgenommen. Auf der Reichsversammlung in Paderborn erschien eine Gesandtschaft aus dem Nordosten des islamischen Emirats von Córdoba. Sie forderte den Frankenkönig auf, die Rebellion gegen den umayyadischen Emir Abd ar-Rahman ibn Muawiya zu unterstützen und in den innerislamischen Konflikt militärisch einzugreifen. Im nächsten Jahr plante Karl folglich eine überaus aufwendige militärische Operation. Er selbst zog mit Truppen aus Neustrien und Aquitanien im Westen der Pyrenäen ins Ebro-Tal vor Saragossa, während ein Aufgebot mit austrasischen, burgundischen, bayerischen, provenzalischen und langobardischen Truppen im Osten Barcelona angriff. Das ganze Frankenreich war somit an diesem Heereszug beteiligt. Trotzdem gelang es nicht, die Mauern Saragossas zu überwinden oder nennenswerte Gebietsgewinne zu erzielen. Vermutlich waren weder die Unterstützung der islamischen Opposition noch die logistische Vorbereitung ausreichend, um die drei Kilometer lange römische Stadtmauer Saragossas mit ihren 120 Türmen zu erstürmen. Zu allem Überfluss wurde auf dem Rückzug die Nachhut von baskischen Christen aufgerieben, die sich für einen zuvor erfolgten Angriff auf Pamplona rächten. Der durch das französische Nationalepos berühmte Roland zählte zu den Opfern der Schlappe bei Roncesvalles.

Auch der Angriff auf das östliche Spanien zeigt, dass Karl weit ambitionierter war als seine Vorfahren. Nachdem er in Sachsen 772 die Bekehrung zu seinem ausdrücklichen Ziel erhoben und in Italien zwei Jahre später das Königreich an sich gerissen hatte, operierte er 778 in einer Region, wo die Franken bislang nie mit so großem Aufwand militärisch aktiv geworden waren. Was war das Ziel Karls? In einem Brief an den Papst rechtfertigte er den Krieg als Präventivschlag gegen eine drohende Invasion der Sarazenen und verschleierte damit das unchristliche Bündnis mit der innerislamischen Opposition. Spätere Quellen sahen im Feldzug das hehre Motiv der Befreiung der spanischen Christen vom «grausamen Joch der Sarazenen». Es ist nicht ganz von der Hand zu weisen, dass Karl von solchen Argumenten beeinflusst wurde, zumal immer wieder christliche Flüchtlinge aus Spanien im Frankenreich Zuflucht suchten. Vielleicht spielten aber auch geostrategische Gründe eine Rolle, da der durchlässige Gebirgszug der Pyrenäen kaum einen Schutz vor Einfällen aus dem islamischen Emirat bot. Karl scheute jedenfalls nicht vor erheblichen Mühen und hohen Kosten zurück. Dass er dieses Projekt später nicht aus den Augen verlor und seinem Sohn Ludwig (dem Frommen) übertrug, der es erfolgreich zu Ende führte, zeigt die große Bedeutung dieser Region für den König.

Die Niederlage von Roncesvalles war gleichsam der Startschuss für eine neuerliche Verschärfung des Sachsenkrieges. In dieser Phase stand der sächsische Widerstand unter der Führung des Westfalen Widukind, der während der Abwesenheit Karls tief in fränkisches Gebiet vorgedrungen war und von Deutz aus die rechte Rheinseite geplündert hatte. Die Rache der Franken folgte zwar auf dem Fuß, doch eine dauerhafte Befriedung ließ sich nicht erreichen. Vielmehr musste Karl im Jahr 782 eine schwere Niederlage hinnehmen, als ein Teil des fränkischen Heeres am Süntel zwischen Weser und Leine umzingelt und niedergemacht wurde. Karls Kämmerer Adalgis, der Stallmeister Geilo und vier Grafen kamen dabei ums Leben. Karl reagierte mit außergewöhnlicher Härte. Er zog sofort nach Sachsen, konnte aber Widukinds nicht habhaft werden, der sich erneut zu den Dänen geflüchtet hatte. In Verden an der Aller ließ Karl sich von den Sachsen die Rebellen ausliefern und – glaubt man den fränkischen Quellen – an einem einzigen Tag 4500 Männer hinrichten.

Als Folge der brutalen Racheaktion eskalierte der Krieg vollends. Im Jahr darauf fanden die einzigen beiden offenen Feldschlachten Karls des Großen gegen die Sachsen statt, die den fränkischen Quellen zufolge beide mit einem Sieg der Franken endeten. Nach weiteren Feldzügen in den folgenden Jahren, die Karl bis an die Elbe führten, gab Widukind den Widerstand auf und unterwarf sich dem Frankenkönig. 785 stand Karl in der Residenz Attigny nördlich von Reims Pate bei der Taufe seines Gegenspielers. Auch diesmal wähnte der König, endgültig die Befriedung Sachsens erreicht zu haben. Selbst Papst Hadrian I. gratulierte Karl wegen seines «überaus großen Ertrags vor dem Gericht Christi», da Karl die Seelen der Sachsen «zum Gewinn seines Seelenheils» als Geschenk dargereicht habe. Für drei Tage, am 23., 26. und 28. Juni, ordnete der Papst für die gesamte römische Christenheit einen Dankgottesdienst mit Prozessionen an.

Nachdem in Sachsen der Durchbruch erzielt worden war,

wandte sich Karl umgehend dem letzten verbliebenen Herzog im Frankenreich zu, Tassilo III. Als Cousin Karls des Großen mit guten Beziehungen zum langobardischen König und zum Papst in Rom hatte der Herzog von Bayern von Beginn an eine starke Stellung für sich reklamiert. Seine Autonomie war einzigartig im Frankenreich, da er die bayerische Kirche ganz auf sich ausgerichtet und vom fränkischen Zentrum ferngehalten hatte. Wie Karl in Sachsen trieb er die Mission voran, und zwar bei den slawischen Karantanen im östlichen Alpenraum. Diese Eigenständigkeit war dem Frankenkönig offensichtlich ein Dorn im Auge. Für das Jahr 787 lud Karl den Bayernherzog vor die Reichsversammlung in Worms. Als Tassilo nicht erschienen war, rückte Karl von Norden, Süden und Westen in Bayern ein und zwang den Herzog zur Unterwerfung. Was im nächsten Jahr tatsächlich geschah, ist ungewiss. Die fränkischen Quellen werfen Tassilo vor, die Unterordnung nicht ertragen zu haben und deswegen ein Bündnis mit den heidnischen Awaren im Osten eingegangen zu sein. Daraufhin wurde ihm 788 in Ingelheim der Prozess gemacht. Dort hielt die Anklage Tassilo ebenfalls die lange zurückliegende Desertion während eines Feldzugs Pippins im Jahr 763 vor. Fahnenflucht und Landesverrat hatten das Todesurteil zur Folge, welches Karl «aus übergroßer Milde» in klösterliche Gefängnishaft umwandelte.

Der Schauprozess von Ingelheim war der Endpunkt einer zielstrebigen Politik der Ausschaltung der spätmerowingischen Herzogtümer. Damit gaben die Karolinger dem Reich ein anderes Gepräge, da die Könige jetzt überall Grafen einsetzten und daher einen mehr oder weniger homogenen Zugriff auf das gesamte Frankenreich hatten. So wurde die Grundlage für die Politik einer Reform von Kirche und Gesellschaft gelegt, die Karl der Große noch konsequenter und erfolgreicher betrieb als sein Vater Pippin und sein Onkel Karlmann.

Für die Reformpolitik war die Zusammenarbeit mit Gelehrten essentiell. Karls Interesse daran ist früh dokumentiert. Bereits im Verlauf seines ersten Zuges nach Italien nahm er Kontakt zu dem Grammatiker Petrus von Pisa auf und konnte ihn als Lateinlehrer für seinen Hof gewinnen. Weitere Italiener wie Paulinus (später Patriarch von Aquileia) und Paulus Diaconus bestimmten das Bild der Gelehrsamkeit in den frühen Jahren Karls des Großen. Seit den 780er Jahren nahm dann der Angelsachse Alkuin, den Karl auf seinem dritten Italienzug 781 kennengelernt hatte, die führende Rolle ein. Obwohl er gelegentlich nach York zurückkehrte und seit 796 als Abt von Tours nicht mehr dauerhaft am Hof anwesend war, prägte Alkuin die Gelehrtenkultur der Zeit auf vielfältige Weise: Seine über 300 Briefe geben Einblick in den Gedankenaustausch am fränkischen Hof, seine Lehrschriften weisen ihn als genialen Pädagogen in vielen Disziplinen wie Dialektik, Rhetorik und Ethik aus, und seine korrigierte Bibelausgabe versorgte das Frankenreich mit einem verlässlichen Text der Heiligen Schrift. Für die Reformen Karls des Großen war jedoch besonders bedeutsam, dass er an der Abfassung einer Reihe von programmatischen Texten mitwirkte.

Obwohl also das Interesse Karls für Gelehrsamkeit schon früh zum Ausdruck kam, nahm die Reformpolitik erst in den späten 780er Jahren volle Fahrt auf. Die Inspiration ging auch diesmal von Italien aus, wo sich Karl wegen der Niederwerfung des langobardischen Fürstentums Benevent in den Jahren 786/87 aufhielt. Nach einer Einigung mit Herzog Arichis II. von Benevent verweilte Karl in der Abtei Montecassino, dem Zentrum der Verehrung des hl. Benedikt von Nursia (um 480–um 560). Dort nahm er ein Musterbuch für die Lesungen des nächtlichen Stundengebets entgegen, welches er mit einem von Paulus Diaconus verfassten Rundschreiben (*Epistola generalis*) im Frankenreich verbreiten ließ. Darin wurde erstmals im Namen Karls des Großen eine Begründung der notwendigen Reformen formuliert: «Da wir den Zustand unserer Kirchen stets bessern wollen, mühen wir uns, die Werkstatt des Schrifttums, die durch die Trägheit unserer Vorfahren fast in Vergessenheit geriet, mit wachem Eifer wieder instand zu setzen, und laden, wen immer wir können, auch durch unser eigenes Beispiel ein, die Studien der freien Künste gründlich kennen zu lernen.» Das Ziel war also die Reform der Kirche und der christlichen Religion im umfassenden Sinn – das Mittel dafür waren die sieben freien Künste und damit eine epochemachende Wiederaufnahme antiker Gelehrsamkeit.

In einer relativ kurzen Zeitspanne nach dieser ersten Verlautbarung entstanden die beiden zentralen Dokumente der Bildungs- und Kirchenreform, die *Epistola de litteris colendis* und die *Admonitio generalis*. Bei dem «Brief über die Pflege der Gelehrsamkeit» handelt es sich ebenfalls um ein Rundschreiben, dieses Mal aus der Feder des ‹Ghostwriters› Alkuin. Karl beklagt sich darin über an ihn gerichtete Briefe aus Klöstern, die «zwar rechten Sinn, aber ungepflegte Rede» zeigten. Er mahnt deshalb nicht nur ein Leben nach der Regel des hl. Benedikt in den Klöstern an, sondern auch das Studium der Literatur und der Wissenschaft, damit «die Sprache in den Lobpreisungen des allmächtigen Gottes ohne Anstößigkeiten der Lüge abläuft». Voraussetzung für ein rechtes christliches Leben war also die fachgerechte Pflege des Lateins und die korrekte Abschrift der liturgischen und biblischen Bücher. Die Bildungsreform Karls war daher auf das Buch fokussiert. Damit hängt eng zusammen, dass sich die Schreiber an den klösterlichen Zentren zur selben Zeit um eine Klärung und Verdeutlichung der Schrift bemühten, um das Lesen und Abschreiben zu erleichtern. Daraus ging die karolingische Minuskel hervor, eine durch klare Unterscheidung der Buchstaben, wohlgeordnete Proportionen, konsequente Worttrennung und durch den Einsatz von Satzzeichen ausgezeichnete Schrift. Das heute übliche lateinische Alphabet beruht auf dieser Schrift, die zwar nicht am Hof erfunden, aber vom Gelehrtenkreis um Karl aktiv gefördert wurde und sich allmählich auf dem ganzen Kontinent verbreitete.

Das nächste programmatische Dokument dieser Reformjahre ist die ebenfalls von Alkuin mitverfasste *Admonitio generalis* («Allgemeine Ermahnung»). Am 23. März 789 erlassen, richtete sich Karl darin an seine Grafen, an die Bischöfe sowie an das gesamte Volk seines Reiches. Das 80 Kapitel umfassende Dokument wurde systematisch im Frankenreich verbreitet und sollte über die geistlichen und weltlichen Amtsträger der gesamten Bevölkerung durch Verlesung bekannt gemacht werden. In der Vorrede nimmt sich Karl den biblischen König Josias zum Vorbild, der «das ihm von Gott gegebene Reich durch Bereisen, Berichtigen und Belehren wieder zur Anbetung des wahren Gottes zurückgerufen hat». Karl übernahm somit eine heilsgeschichtliche Verantwortung: Er mahnte, «Fehler zu berichtigen, Überflüssiges wegzuschneiden und Rechtes durchzusetzen». Richtschnur für die Aufgabe der *correctio* war die päpstlich sanktionierte Tradition der Kirche. Die ersten 59 Kapitel wiederholen Bestimmungen aus spätantiken Konzilen und Papstbriefen, die in der von Papst Hadrian I. dem König übergebenen Sammlung kirchlichen Rechts (*Collectio Dionysio-Hadriana*) zusammengestellt waren. Im zweiten Teil erscheint die Bibel selbst als Richtschnur für das Verhalten der Bevölkerung.

Die Amtsträger, die die «Allgemeine Ermahnung» überall bekannt machten, wurden noch mit anderen Aufgaben betraut. Sie hatten vor Ort die Rechtsprechung sowie die Einhaltung der Normen zu kontrollieren und sie waren überdies damit beauftragt worden, allen Einwohnern des Frankenreichs den Treueid auf den König abzunehmen. Erstmals wurde im Frankenreich genau aufgeführt, wer dazu verpflichtet war: die gesamte freie Bevölkerung über dem Alter von zwölf Jahren mit Ausnahme der mit Eidverbot belegten Mönche sowie alle Unfreien, denen das Tragen von Waffen erlaubt war. Jene, die sich weigerten, «dem Herrn König und seinen Söhnen ohne Betrug und böse Absicht die Treue» zu schwören, sollten in einer Liste verzeichnet und dem König vorgeführt werden. Damit wollte Karl verhindern, was wenige Jahre zuvor geschehen war: Thüringische Aufständische um den Grafen Hardrad hatten ihren Widerstand gegen den Frankenkönig damit begründet, keinen Eid auf ihn geleistet zu haben.

Die Jahre um 789 erlebten somit den ersten großen Schub an Reformen durch Karl den Großen. In vieler Hinsicht knüpfte er an das von Bonifatius formulierte Programm an: Die christliche Gesellschaft sollte auf der Grundlage päpstlicher Tradition reformiert werden. Karl ging mit großer Konsequenz zu Werke. Dies lassen nicht nur die Reformtexte erkennen, auch in der Verfassung der Kirche setzte er seit dieser Zeit überall die Ernennung von Erzbischöfen durch, an der Bonifatius noch gescheitert war. Das Ziel der Homogenisierung und Hierarchisierung der Kirche war damit erheblich umfassender implementiert worden als noch unter seinen Vorgängern.

Die Reformjahre 788 bis 790 verliefen weitgehend ohne Krieg. Nur im Sommer 789 erfolgte eine kleinere Strafexpedition gegen die ostelbischen Slawen. Die Hegemonie der Franken war zu diesem Zeitpunkt im ganzen Reich durchgesetzt. Als am Hof Karls in diesen Jahren die sogenannten Reichsannalen, eine Geschichte des Reiches von 741 bis in die Gegenwart, niedergeschrieben wurden, standen die Franken im Mittelpunkt der Erzählung. Den Reichsannalen zufolge hatte das fränkische Heer einen militärischen Erfolg nach dem anderen gefeiert, Niederlagen wie der Überfall von Roncesvalles (778) wurden mit Stillschweigen übergangen. Der Aufstieg der Karolinger ist in den Reichsannalen eng verwoben mit der Verherrlichung fränkischer Identität. Die Dynamik der Herrschaft Karls kam aber damit nicht zum Stillstand. Im Gegenteil, seit den 790er Jahren bewegte sich das Reich deutlich in Richtung eines universalen christlichen Kaiserreichs. Verantwortlich dafür waren der Awarenkrieg und die theologische Kontroverse um die Bilderverehrung.

Beim Krieg gegen das Steppenvolk der Awaren trat die religiöse Motivation deutlich in den Vordergrund. Als das Hauptheer unter der Führung Karls des Großen am 5. September 791 an dem Fluss Enns die Grenze zwischen dem Frankenreich und dem Herrschaftsraum der Awaren erreichte, wurde innegehalten und in dreitägigen Prozessionen der Segen Gottes erfleht. Mit welchem Ernst Karl der Große die Gottesdienste feiern ließ, belegt eines der wenigen persönlichen Dokumente aus seiner Feder, und zwar ein Brief an seine «geliebte und sehr liebenswerte Ehefrau und Königin Fastrada». Der König berichtet darin vom Fortgang des Krieges, aber auch über die Bittgesänge und das Fasten, welche das Ziel hatten, «dass uns Gott Frieden, Gesundheit, Kriegsglück und gutes Vorwärtskommen schenke und dass er in seiner Barmherzigkeit und Güte für uns Hilfe, Rat und Abwehr in allen Engpässen sei». An seine Frau gewandt fährt er fort: «So möchte ich nun, dass Du mit meinen Getreuen überlegst, wie dieselben Gottesdienste dort bei Euch stattfinden sollen. Du aber halte es, wie es Deine Gebrechlichkeit möglich macht. Das musst Du selbst wissen».

Der Brief erlaubt einen einmaligen Einblick in den rücksichtsvollen Umgang Karls mit seiner Frau und ist auch das erste Zeugnis dafür, dass Karl die Gebetshilfe für seine Kriegszüge nicht nur im Heer anordnete, sondern im ganzen Frankenreich. Die Bittgesänge erschallten überall und festigten auf einzigartige Weise das Zusammengehörigkeitsgefühl zwischen der politischen Zentrale, dem Heer Karls des Großen und allen Pfarrkirchen des Reiches. Die liturgische Begleitung des Krieges war deshalb besonders angebracht, weil der König den Kriegszug als Rache für die «untragbare Niedertracht» der heidnischen Awaren rechtfertigte. Nachdem die Awaren 788 Tassilo unterstützt und wiederholt christliche Kirchen und Klöster geplündert hatten, handelte Karl in Vergeltung der heiligen Kirche (*sancta ecclesia*) und des christlichen Volkes (*christianus populus*).

Der Feldzug von 791 verlief nur bedingt erfolgreich. Karl drang weit ins Reich der Awaren vor und erreichte den Zusammenfluss von Donau und Raab, während sich das feindliche Heer nach Osten in das Gebiet zwischen Donau und Theiß zurückzog. Nach dem Ausbruch einer Pferdeseuche musste das fränkische Heer umkehren, ohne dass es zu einem Gefecht gekommen wäre. In den nächsten Jahren bereitete Karl den entscheidenden Schlag gegen die Awaren von Regensburg aus vor, indem er den Bau eines Kanals zwischen Main und Donau veranlasste, der den Nachschub in den Osten des Reiches erleichtern sollte. Der Kanal – dessen Spuren heute noch im Altmühlgebiet zu besichtigen sind – blieb jedoch ebenso Stückwerk wie der Awarenkrieg insgesamt, da die Sachsen im Jahr 792 erneut einen Aufstand anzettelten und in den folgenden Jahren die volle Aufmerksamkeit des Königs beanspruchten. Das Awarenreich wurde nicht erobert, es brach vielmehr in sich zusammen: Aufgrund der Bedrohung von außen brachen Konflikte innerhalb seiner Führungsschicht auf, die dazu führten, dass Gesandte eines hohen awarischen Würdenträgers Karl den Großen im Jahr 795 an der Elbe aufsuchten, sich unterwarfen und die Bekehrung zum Christentum in Aussicht stellten. Im folgenden Jahr fand ihre Taufe in Aachen statt, und Karl ließ die Hauptresidenz der Awaren einnehmen und ihren Schatz plündern.

«Seit Menschengedenken», so stellte Einhard später fest, «brachte kein Krieg den Franken so viel Reichtum und Macht». Karl verteilte den Schatz unter seinen Bischöfen, Grafen und Vasallen und schickte besonders wertvolle Teile zum angelsächsischen König Offa von Mercia und zum Papst nach Rom.

Die Taufe von 796 war also der Wendepunkt im weitgehend unblutigen Awarenkrieg. Sie machte auch eine neue Deutung des Krieges möglich, in der nicht mehr die Vergeltung, sondern die Mission im Vordergrund stand. Beredtes Zeugnis davon legen die Briefe Alkuins aus den Jahren 795 und 796 ab, welche er an befreundete Bischöfe sowie an Karl den Großen selbst schickte. Alkuin war darum bemüht, die führenden Persönlichkeiten davon zu überzeugen, bei der Mission der Awaren nicht dieselben Fehler zu begehen wie bei der gewaltsamen Christianisierung der Sachsen. Die Taufe sollte nicht von der Einforderung des Zehnten, sondern von Predigt und Belehrung begleitet werden. Im Rahmen dieser Erörterungen über die richtige Bekehrung zum christlichen Glauben charakterisierte Alkuin den Awarenkrieg als Missionskrieg. Um den Namen Christi auszubreiten, so Alkuin an Karl den Großen, habe er die awarischen Völker besiegt und dem Joch des heiligen Glaubens unterworfen.

Die religiöse Legitimation der Kriegsführung trat somit deutlich in den Vordergrund. Das Bild von Karl dem Großen als Glaubenskrieger, welches in der modernen Sicht das Idealbild vom Gründervater Europas verdrängte, hat deswegen seine Berechtigung. Das Heer umfasste neben den Franken auch die anderen Völker des Frankenreichs wie Sachsen, Thüringer, Friesen, Langobarden, Bayern und sogar Slawen. Diese multi-ethnischen Verbände konnten nicht mehr durch die fränkische Identität, die noch in den Reichsannalen bis 788 verherrlicht worden war, zum Krieg motiviert werden. Das einzige Band, welches diese Völker zusammenhielt, war der Treueid auf den König und der gemeinsame christliche Glaube. Für den Krieg gegen die Awaren bedeutet dies: Mochten auch materielle Motive durchaus handlungsleitend gewesen sein – wie die Aussicht auf Beute oder die Belohnung der loyalen Bayern für die Unterstützung bei der Absetzung Tassilos III. –, so wurde der Krieg doch anfangs als

Vergeltungsmaßnahme gegen die Heiden und seit 795 als Missionskrieg begründet.

Der Awarenkrieg wies somit unweigerlich in Richtung eines christlichen Universalismus. Die angestammte Position des christlichen Kaisers hatte allerdings der Herrscher in Konstantinopel inne, zu dem sich die politischen Beziehungen über die Jahre verschlechtert hatten. Dies lag zum einen an der Überschneidung der Einflusssphäre in Süditalien, wo es 786/87 zum Konflikt kam. In dessen Verlauf zerschlug sich ein geplantes Ehebündnis zwischen der Tochter Karls, Rotrud, und Kaiser Konstantin VI. Zum anderen verschärften sich die Spannungen durch den Bilderstreit im byzantinischen Reich. 787 wurde auf einem ökumenischen Konzil in Nikäa die Jahrzehnte währende Abkehr von der Bilderverehrung rückgängig gemacht. Die Verehrung von Ikonen, nicht aber deren Anbetung, sollte wieder erlaubt sein. Der römische Papst war an dem Konzil durch Legaten beteiligt und über die theologische Wende hocherfreut, da er die Bilderzerstörung nie gebilligt hatte. Wie bereits in der Spätantike repräsentierte der Papst auf dem Konzil alleine die westliche Kirche, ohne dass weitere Bischöfe aus dem Frankenreich eingeladen worden wären.

Karl der Große empörte sich jedoch über diese Missachtung seiner neu gewonnenen Stellung. Die Unzufriedenheit wuchs, als eine Übersetzung der Konzilsakten am fränkischen Hof eintraf, in der die entscheidende Unterscheidung zwischen Anbetung und Verehrung nicht zum Ausdruck kam. Karl ließ daher von seinem führenden theologischen Berater Theodulf (später Bischof von Orléans) eine Widerlegung verfassen, in der die byzantinischen Christen als Götzendiener verunglimpft wurden (*Libri Carolini*). Papst Hadrian I. brachte das einseitige Vorgehen der Franken in die Bredouille, da er die Konzilsakten mitunterzeichnet hatte. Er wies deshalb 792 in einem Brief die Kritik rundweg zurück und erinnerte Karl daran, dass er nur mit päpstlicher Hilfe «die Vergebung der Sünden, die Siege über seine Feinde und das ewige Leben erlangen kann». Karl ließ es sich dennoch nicht nehmen, zwei Jahre später ein großes Konzil in Frankfurt einzuberufen und dort die «Anbetung» von Bildern durch die «Griechen» durch den Spruch der anwesenden Bischöfe zu verurteilen. Seine eigene Rolle innerhalb der Christenheit definierte er in einem berühmten Brief an den Nachfolger Hadrians, Leo III., folgendermaßen: «Unsere Aufgabe ist es, gemäß der Hilfe der göttlichen Liebe die heilige Kirche Christi überall vor dem Einfall der Heiden und den Verwüstungen der Ungläubigen nach außen hin zu verteidigen und sie im Innern durch die Anerkennung des katholischen Glaubens zu sichern. Eure Aufgabe, heiligster Vater, ist es, wie Moses mit zu Gott erhobenen Händen unseren Kriegsdienst zu unterstützen, damit durch Eure Fürsprache das christliche Volk mit Gott als Führer und Spender über die Feinde seines heiligen Namens überall immer den Sieg erringt und der Name unseres Herrn Jesu Christi in der ganzen Welt verklärt wird.»

Karl der Große war somit bereits in den 790er Jahren in eine universale kaiserliche Stellung hineingewachsen. Er beherrschte einen großen Teil des alten weströmischen Reiches und befand sich auf Augenhöhe mit dem byzantinischen Kaiser. Trotzdem wäre es kaum zur Kaiserkrönung am 25. Dezember 800 gekommen, wenn nicht zwei Ereignisse auf überraschende Weise den Weg dazu geebnet hätten. 797 ließ Irene ihren Sohn Kaiser Konstantin VI. blenden und sich selbst als Kaiserin inthronisieren. Da sie als erste Frau in diese Position gelangte, war es möglich, ihre Legitimität in Zweifel zu ziehen und das Kaisertum als vakant aufzufassen. Zwei Jahre später fand vor der großen Bußprozession am 25. April 799 ein Anschlag auf Papst Leo III. statt. Ziel war die Absetzung des Papstes, hinter der stadtrömische Konflikte standen, die aber von den Aufständischen mit schweren Verbrechen und Verfehlungen Leos begründet wurde. Der Papst entkam jedoch dem Anschlag und floh zu den Amtsträgern Karls des Großen in Italien, wodurch er eine Neuwahl verhindern konnte. Leo war damit in einer Zwangslage: Wollte er von Karl Rückendeckung erhalten, musste er ihm in jeder erdenklichen Weise entgegenkommen.

Im Juni 799 war somit eine Situation eingetreten, die Alkuin gegenüber Karl dem Großen folgendermaßen beschrieb: «Denn drei Personen nahmen bisher in der Welt die höchste Stelle ein:

nämlich die apostolische Erhabenheit, die den Sitz des heiligen Apostelfürsten Petrus als Stellvertreter regiert; was aber mit ihm geschehen ist, welcher Art der derzeitige Inhaber des genannten Sitzes ist, hat mich Eure verehrungswürdige Güte wissen lassen. Die zweite ist die kaiserliche Würde und die weltliche Macht des zweiten Rom; wie ungerecht der Lenker dieses Reiches abgesetzt wurde, nicht von fremden, sondern von den eigenen Mitbürgern, das erzählt überall das sich verbreitende Gerücht. Die dritte ist die königliche Würde, in die die Verfügung unseres Herrn Jesus Christus Euch als Anführer des christlichen Volkes eingesetzt hat. Sie übertrifft an Macht die vorher genannten Würden, sie ist leuchtender an Weisheit und ragt durch das Ansehen ihres Reiches hervor. Sehe, auf Dir allein ruht das gesamte Heil der Kirchen Christi. Du bist der Rächer der Verbrechen, Du bist der Führer der Irrenden, Du bist der Tröster der Trauernden, Du bist die Erhöhung der Guten.»

Wie so oft ergriff Karl umgehend die Gelegenheit, die sich durch die beiden Anschläge auf Kaiser und Papst bot. Er lud Leo III. nach Paderborn ein, wo er im September 799 als rechtmäßiger Papst empfangen wurde. Wahrscheinlich ist bereits dort über die Kaiserkrönung verhandelt worden. Als Termin wurde der Weihnachtstag 800 festgesetzt. Karl ließ sich ein ganzes Jahr Zeit, um seine Erhebung angemessen in Szene zu setzen: An einem hohen kirchlichen Feiertag, zu Anfang des 7. Jahrtausends nach der Erschaffung der Welt und in Anwesenheit einer Gesandtschaft der heiligsten Stadt Jerusalem fand die Erhebung zum Kaiser statt. Die Zeremonie war genauestens geplant. Nach dem Gebet am Grab Petri krönte ihn der Papst zum Kaiser, bevor das römische Volk Karl als «von Gott gekrönten großen und friedenbringenden Kaiser der Römer» akklamierte. Zum Abschluss der Zeremonie fiel der Papst vor dem neuen *imperator* auf die Knie. Damit stand Karl im Zenit seiner Macht.

Das Kaisertum war vor allem ein neuer Rang, der aber auch neue Verpflichtungen nach sich zog und neue Chancen eröffnete. Machtpolitisch wurde damit in erster Linie die Stellung Karls in Rom gefestigt. Verstand er sich seit 774 als Schutzherr der Römer und des Papstes (*patricius Romanorum*), übernahm er jetzt die Hoheit über die Stadt Rom selbst. Dies ermöglichte ihm, im Januar 801 die Gegner Leos III. als Majestätsverbrecher abzuurteilen. Der Papst prägte seitdem nicht mehr die Münzen im eigenen Namen, sondern im Namen Karls, um die Zugehörigkeit zum westlichen Imperium zum Ausdruck zu bringen. Leo III. musste somit eine neue Lage akzeptieren: Verstanden sich die Päpste seit Hadrian I. als autonome Stadtherren über Rom, mussten sie nach 800 die Hoheit des Kaisers hinnehmen. Die konkrete Machtbalance zwischen dem Kaiser und seinen Amtsträgern auf der einen Seite und dem Papst auf der anderen Seite war allerdings noch lange nicht austariert und sollte erst unter Karls Nachfolger festgeschrieben werden.

Im Inneren seines Reiches nutzte Karl der Große den kaiserlichen Rang für neue Reformvorhaben. Wie 789 wurden Reichsversammlungen abgehalten, Verordnungen an die Amtsträger erlassen und ein Treueid auf den Namen des Kaisers verlangt. Der Reformschub von 802 ging allerdings in zwei Hinsichten über denjenigen von 789 hinaus: Erstens verstetigte Karl das Amt der Inspekteure oder Königsboten (*missi dominici*). Gemeinsam sollten je ein weltlicher und ein geistlicher Amtsträger fest umgrenzte Bezirke bereisen und dort die Bischöfe und Grafen in ihrer Amtsführung überwachen. Es handelte sich zumeist um Grafen, Bischöfe oder Äbte, die mit dieser neuen Aufgabe dauerhaft betraut wurden. Damit bildete sich eine Zwischeninstanz zwischen dem Grafengericht, das jährlich zumindest dreimal tagte und alle bedeutenden Rechtsfälle in einer Grafschaft behandelte, und dem Gericht des Königs und des Pfalzgrafen am Hof in Aachen. Zweitens ließ Karl das fränkische Recht verbessern und alle ungeschriebenen Rechte der von ihm beherrschten Völker sammeln und schriftlich aufzeichnen. Die Franken an der Mündung des Rheins, die Schwaben, Thüringer, Friesen und Sachsen erhielten erstmals ein eigenes geschriebenes Recht. Überall sollten die Richter dem Schriftrecht folgen und sich nicht durch Bestechung von dem Weg der Gerechtigkeit abbringen lassen.

Die Tendenz zur Verschriftlichung der Verwaltung nahm seit der Kaiserkrönung deutlich zu. Die Anzahl der Verordnungen und Gesetze erreichte von 802 bis 813 mit über 50 eine bislang ungekannte Intensität. Es gibt kaum einen Lebensbereich, den Karl der Große mit seinen Anweisungen nicht berührt hätte. Zum Beispiel wollte er durchsetzen, dass vor jeder Eheschließung Nachforschungen über die Verwandtschaft zwischen den Brautleuten angestellt wurden, damit inzestuöse Verbindungen verhindert werden konnten. Den Bischöfen übertrug Karl umfassende Vollmachten, um den christlichen Lebenswandel der Bevölkerung zu überwachen. 803 erging die Anweisung, «dass die Bischöfe die ihnen anvertrauten Pfarreien visitieren und dort Nachforschungen anstellen in Sachen Inzest, Vatermord, Brudermord, Unzucht und anderer Übel, die gegen Gott sind, welche in der Heiligen Schrift den Christen zu meiden befohlen wird». Die Bischöfe reagierten auf diesen Auftrag, indem sie jetzt selbst schriftliche Anweisungen an ihre Landpfarrer weitergaben. Vieles von dem, was Karl von seinem Kontrollwillen getrieben überwacht wissen wollte, kam allerdings gar nicht oder nur unzureichend vor Ort an. In seinem letzten Regierungsjahr befahl er den Inspekteuren, in Erfahrung zu bringen, was von den Verordnungen, die er «während vieler Jahre durch das Reich» geschickt hatte, überhaupt eingehalten werde.

Die Tendenz zur Schriftlichkeit hat auch darin ihren Grund, dass Karl in den letzten Jahren sein Reich weitgehend von einem Zentrum aus regierte. Die Residenz Aachen, welche bereits von seinem Vater genutzt worden war, ließ er erheblich ausbauen und seit Anfang der 790er Jahre durch den Bau der Marienkirche erweitern. Die Kirche orientierte sich mit ihrem achteckigen Grundriss an italienischen Vorbildern und wurde durch antike Säulen und andere Spolien aufgewertet.

Überdies zeigt sich der Wille zur Verschriftlichung in der Tatsache, dass Karl im Unterschied zu seinen Vorgängern seine Nachfolge schriftlich regelte. Im Jahr 806 verfügte er in einem ausführlichen Dokument die Teilung des Frankenreichs an seine drei erbberechtigten Söhne Karl den Jüngeren, Pippin und Ludwig. Eine Vorentscheidung hatte er bereits lange zuvor getroffen: 781 hatte er die beiden jüngeren Söhne als Unterkönige in Italien und Aquitanien eingesetzt. Sobald sie mündig wurden, war es

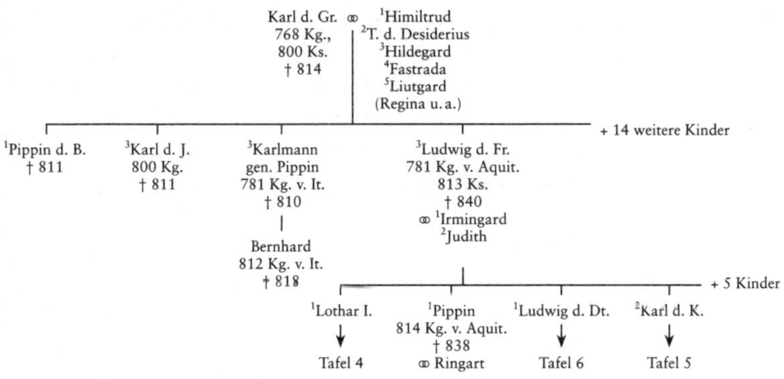

Stammtafel 3: Kinder und Enkel Karls des Großen (IV.–VI. Generation)

ihre Aufgabe, die neu unterworfenen Regionen an das karolingische Königtum zu binden und die Verteidigung der Grenzen zu organisieren. Damit wurde der älteste Sohn Pippin («der Bucklige») von der Erbfolge ausgeschlossen, obwohl er einer legitimen Ehe entstammte. Nach einer Revolte im Jahr 792 verbrachte er den Rest seines Lebens in klösterlicher Haft. Der nächstälteste Sohn Karl (der Jüngere) blieb dagegen am Hof des Königs und erhielt die Region zwischen Seine und Loire zur Verwaltung, bevor er im Rahmen der Kaiserkrönung vom Papst zum König erhoben wurde. Die Ordnung von 806 (*Divisio regnorum*) respektierte diese Aufteilung: Karl der Jüngere sollte nach dem Tod des Kaisers Austrasien, Neustrien, Thüringen, Sachsen, Friesland und den nördlichen Teil von Alemannien und Burgund erhalten; Pippin sollte in Italien, Bayern und im südlichen Teil Alemanniens nachfolgen; Ludwig bekam neben Aquitanien noch den größten Teil Burgunds, die Provence und Septimanien.

Diese Regelung orientierte sich also am merowingischen Prinzip der Teilung zu gleichen Teilen. Alle drei Reiche waren in etwa gleich groß. Doch Karl wich insofern von der Tradition deutlich ab, als er die gesamte Francia mit Austrasien und Neustrien seinem älteren Sohn übergab. Dort lagen die großen Königsgutkomplexe sowie fast alle bedeutenden Residenzen der fränkischen Könige. Auch die berühmten Sakralorte des Reiches

(Tours, Saint-Denis), an denen die Reliquien von reichsweit verehrten Heiligen aufbewahrt wurden, gingen an Karl den Jüngeren. Die für die Familie der Karolinger bedeutenden Erinnerungsorte wie Aachen, Metz, Prüm und Echternach gehörten ebenfalls zum Reich Karls. Die gesamte fränkische und karolingische Tradition stand somit nur dem älteren Sohn zur Verfügung. Eine Bevorzugung ist deutlich zu erkennen. Dies ist umso erstaunlicher, als Karl der Jüngere, anders als seine Brüder, bis zu diesem Zeitpunkt keine Ehe eingegangen war und daher keine Söhne als potentielle Nachfolger vorzuweisen hatte. Ebenso rätselhaft bleibt die Tatsache, dass Karl der Große über die Weitergabe des Kaisertitels keine Verfügung traf, sondern im vorletzten Absatz eine Ergänzung oder Abänderung der Regelung in Aussicht stellte. Die Unteilbarkeit des Kaisertums war mit dem Teilungsgedanken der fränkischen Tradition nicht vereinbar.

Eine schriftliche Revision wurde allerdings nicht nötig. Die umsichtigen Regelungen zur Vermeidung von innerfamiliären Rivalitäten wurden dadurch obsolet, dass die beiden älteren Söhne vor dem Vater verstarben. Karl blieb somit nichts anderes übrig, als seinen jüngsten Sohn Ludwig 813 zum Kaiser zu krönen und ihm die Nachfolge im ganzen Reich zu übertragen. Nur Italien ging in die Hand von Pippins Sohn Bernhard über, der als König dem Kaiser untergeordnet sein sollte.

Das Kaisertum schlug sich somit im Inneren des Frankenreichs in einer erheblichen Steigerung der Schriftlichkeit nieder. Gegenüber den äußeren Mächten erhöhte der neue Rang deutlich das Ansehen und die Stellung Karls des Großen. Am deutlichsten tritt dieser Wandel in seiner Schutzpolitik gegenüber den Christen im Heiligen Land zu Tage. Bereits 797 zog eine erste Gesandtschaft an den Hof des Kalifen Harun ar-Raschid in Bagdad, über deren Ziele keine genauen Informationen erhalten sind. Nach der Rückkehr der Gesandten, die als Geschenk einen Elefanten nach Aachen mitbrachten, folgte bald eine zweite Gesandtschaft, die ebenfalls mehrere Jahre unterwegs war. Politische Bündnisse gegen gemeinsame Feinde wie den Emir von Córdoba und den Kaiser in Konstantinopel waren wohl vordringlich. Erst die dritte Mission, die 807 im Heiligen Land eintraf, hatte vorwiegend den Schutz und die Unterstützung der orientalischen Christenheit zum Ziel. Karl ließ von seinen Gesandten Inventare der Gebäude des Patriarchats von Jerusalem anfertigen sowie eine Liste des Personals und der Ausgaben und Einnahmen. Auf der Grundlage dieser Schätzungen schickte er große Summen zur Wiederherstellung und Reparatur der Kirchen und Klöster ins Heilige Land.

Karl übernahm somit eine Aufgabe, die zuvor der byzantinische Kaiser für sich in Anspruch genommen hatte. Das Verhältnis zu Byzanz war zu diesem Zeitpunkt schon wegen der Kaisererhebung Karls getrübt und verfinsterte sich zunehmend wegen der Annexion byzantinischer Territorien in Venetien und Dalmatien durch die Franken (806). Nach kleineren Gefechten in den folgenden Jahren kam es erst 812 zu einer Einigung, die die Anerkennung des Kaisertums Karls des Großen einschloss. Karl war aber nicht nur in der Adria aktiv, er schickte auch Flottenverbände nach Korsika und Sardinien, um die Inseln gegen arabische Plünderer zu verteidigen. Zur selben Zeit intensivierten sich die Kontakte zu den dänischen Königen, die seit der endgültigen Befriedung der Sachsen im Jahr 804 direkte Nachbarn der Franken geworden waren. Das Frankenreich Karls des Großen zeichnete sich folglich dadurch aus, dass es zugleich im Mittelmeer und an der Nordsee eine hegemoniale Politik verfolgte und daher erstmals seit dem Ende der römischen Herrschaft beide Meere miteinander verband.

Der außergewöhnliche Erfolg Karls des Großen hatte gewiss viele Gründe. Die idealen Voraussetzungen, die sein Großvater und Vater geschaffen hatten, spielten ebenso hinein wie die überraschend günstige dynastische Ausgangslage nach dem frühen Tod seines Bruders. Der ökonomische und demographische Aufschwung, der archäologisch und dokumentarisch gut belegt ist, darf ebenso wenig vergessen werden. Globalhistorisch stand seine Zeit gleichfalls unter einem guten Stern: Die arabische Expansion war nicht nur zu Ende gegangen, vielmehr orientierte sich das islamische Kalifat durch die Verlagerung der Hauptstadt von Damaskus nach Bagdad deutlicher in den Osten. An der Nordsee nahm der Handel weiterhin einen Aufschwung, an dem sich die Dänen und ihre Nachbarn als Kaufleute und noch nicht als Plünderer beteiligten. Die Persönlichkeit Karls des Großen war gleichfalls von eminenter Bedeutung. Obwohl über seine persönliche Tapferkeit wenig in Erfahrung zu bringen ist, zählte er mit Sicherheit zu den genialsten Feldherren seiner Zeit. Er scheute keine logistische Herausforderung, um komplexe militärische Unternehmungen über Tausende von Kilometern ins Werk zu setzen. Daneben zeichnete sich seine Herrschaft durch ein großes Maß an Brutalität aus. Das Blutbad von Verden und die Massendeportation von Sachsen wurden bereits erwähnt. Die thüringischen Aufständischen um den Grafen Hardrad bestrafte er mit Exil und Blendung, obwohl sie ins Kirchenasyl nach Fulda geflüchtet waren und die Fürbitte des Abtes für sich in Anspruch genommen hatten. Diese Strenge machte selbst vor der eigenen Familie nicht halt: Er verstieß zwei Ehefrauen aus politischen Gründen. Seinen ältesten Sohn Pippin trieb er in die Rebellion und verurteilte ihn dann zu dauerhafter Internierung im Kloster.

Diese Seite von Karls Persönlichkeit scheint aus heutiger Perspektive in eigenartigem Gegensatz zu seiner Förderung von Kultur, Gelehrsamkeit und Wissenschaft zu stehen. Bis in sein hohes Alter war er an dem geistigen Austausch mit Gelehrten interessiert und bemühte sich um die Verbesserung der eigenen Bildung. Sein Biograph Einhard berichtet, dass er Latein gut beherrschte und sich von einer Reihe von Gelehrten in Grammatik und in den sieben freien Künsten unterrichten ließ. Allein das Schreiben habe er nur mit mäßigem Erfolg versucht und deswegen Tafeln und Büchlein im Bett unter dem Kopfkissen bei sich gehabt, um «seine Hand an das Nachmachen von Buchstaben zu gewöhnen». Auch bei kirchlichen Lesungen und Gesängen habe er sich trotz seiner Kennerschaft nicht öffentlich beteiligt. Nach Einhard hat Karl die Mängel in seiner Bildung deutlich empfunden und sie deshalb so gut es ging verborgen, indem er nachts das Schreiben übte und in der Kirche nur leise und im Chor mitsang.

Doch auch in seinem Bemühen um Bildung und Reform schimmern ein strenger Ton und bisweilen ein ‹totalitärer› Anspruch durch. Dass er in seinen Herrschererlassen ein Kontroll- und Überwachungsregime durchsetzen wollte, wurde bereits erwähnt. Die Aufforderung zu lernen wurde ebenso von Zwangsmaßnahmen flankiert. So verfügte Karl, dass Laien, die partout nicht das Glaubensbekenntnis, das Vater Unser und die Taufformel lernen wollten, «mit Schlägen und mit Fasten bei Wasser und Brot gezüchtigt werden». Auch bei Hof herrschte bisweilen ein rauer Ton unter den gelehrten Dichtern, die sich gegenseitig mit Spottversen bedachten. Karl fand daran offensichtlich Gefallen. So gesellig er sein konnte, wenn in Aachen (nach Einhard) «hundert und mehr Menschen mit ihm badeten», so sehr verlangte er strikten Gehorsam und erfreute sich an übertriebenen Lobgedichten auf seine Siege. Der Erfolg beruhte sicher zum großen Teil auf dieser persönlichen Autorität. Es war nur schwer vorstellbar, dass die Franken in Zukunft einem König, der dieses Format nicht aufwies, mit derselben Bereitwilligkeit und Treue folgen würden.

5. Ludwig der Fromme: Ein Reich der Bischöfe und Klöster

Ludwig der Fromme gilt als gescheiterter Kaiser. Ein oberflächlicher Blick auf seine Zeit scheint dieses Urteil zu bestätigen: Innerhalb von nur drei Jahren wurde er zuerst von seinen langjährigen Beratern (830) und dann von seinen eigenen Söhnen (833) entmachtet. Nach der Rückkehr zur Macht im folgenden Jahr konnte er die Frage der Nachfolge nicht einvernehmlich lösen, so dass sich daran ein Krieg zwischen den Söhnen entzündete, der im Vertrag von Verdun (843) zu einer dauerhaften Teilung des Frankenreichs führte. Ludwigs Regierung markiert daher den Endpunkt des seit Karl Martell fast durchgehend geeinten Frankenreichs. In den über 120 Jahren zwischen 718 und 840 war das Reich nur neun Jahre geteilt.

Nach den Maßstäben einer traditionellen Machtgeschichte

scheint er somit maßgeblich für die Wende zum ‹Untergang› des Reiches verantwortlich zu sein. Diese Maßstäbe sind durchaus zulässig, wenn man nach dem Ende des ‹Karlsreichs› fragt. Zwar blieb seine Wiederherstellung nach dem Tod Ludwigs des Frommen weiterhin ein Ziel karolingischer Könige. Seine Söhne Ludwig und Karl strebten nach einer Vereinigung möglichst vieler Teilreiche, und Karl III. («dem Dicken») gelang diese Vereinigung tatsächlich für einige Jahre (885–887), da ihm durch eine Reihe von dynastischen Zufällen alle Teilreiche in den Schoß fielen. Doch die Teilung erwies sich langfristig als beständiger und führte im 10. Jahrhundert zur Etablierung stabiler Königreiche.

Problematisch an dieser Perspektive ist allerdings, dass der Zerfall weniger durch das Scheitern Ludwigs als durch die fränkische Thronfolge bedingt war. Die Teilung von 843 entsprach den im Frankenreich anerkannten und seit Jahrhunderten praktizierten Regeln. Zudem lässt sich diese Perspektive auch umkehren. Die Nachfolgereiche, Frankreich und das römisch-deutsche Reich, betrachteten sich als Erben des Frankenreichs. Diesen Anspruch auf Kontinuität hat erst die wissenschaftliche Geschichtsforschung zurückgewiesen und auf den Brüchen in der Entwicklung der nationalen deutschen und französischen Geschichte insistiert. Aber nicht nur das Selbstverständnis der Nachfolgereiche war von Kontinuität geprägt, auch die politischen Strukturen dieser Reiche beruhten auf den Grundlagen, die in fränkischer Zeit gelegt worden waren. Ludwig der Fromme sollte daher als Kaiser gewürdigt werden, der am Aufbau von Strukturen beteiligt war, die sowohl für die spätkarolingische Epoche als auch für die Nachfolgereiche maßgeblich wurden. Dabei ist vor allem an die Mitwirkung von Bischöfen und Äbten an der Regierung des Reiches zu denken. Ludwig und seine Berater haben die kirchlichen Ämter systematisch in die gemeinsame Verantwortung für das Reich einbezogen und diese Zusammenarbeit erstmals gedanklich reflektiert. Der Kaiser regierte ein Reich der Bischöfe und Klöster und entschied sich – in deutlichem Kontrast zu seinem Vater – für die Akzentuierung genuin christlicher Tugenden wie Demut, Milde und Buße. Ein Herrscher, der sich an Jesus Christus ein Vorbild nahm: Damit begründete Ludwig ein im Mittelalter wirkmächtiges Herrscherbild.

Ludwig hatte sich schon früh auf den kirchlichen Bereich fokussiert. Sein anonymer zeitgenössischer Biograph (der sogenannte *Astronomus*) berichtet sogar vom frühen Wunsch des Kaisersohnes, sich als Mönch in ein Kloster zurückzuziehen. Nur durch den Einspruch Karls des Großen habe er dies nicht in die Tat umgesetzt. Als jüngster erbberechtigter Sohn erhielt er im Jahr 781 im Alter von drei Jahren das Unterkönigreich Aquitanien. Ein Jahr später wurde er in voller Rüstung aufs Pferd gesetzt und nahm sein Königreich in Besitz. Fortan befand er sich meist fernab vom Hof seines Vaters. Sein größter Erfolg war im Jahr 801 die Eroberung Barcelonas, die ihm aber erst nach zweijähriger Belagerung gelang. Den Versuch der Einnahme Tortosas brach er nach kurzer Zeit wieder ab. Das Kriegshandwerk war Ludwigs Sache nicht. Auch nach dem Antritt der Nachfolge (814) zog er nur äußerst selten und ungern in den Krieg. Zweimal führte er eine Armee gegen die rebellischen Bretonen, die gegen die Übermacht des kaiserlichen Heeres nicht viel auszurichten vermochten. Ludwig engagierte sich jedoch – im Gegensatz zu seinen kampferprobten Brüdern – für die Unterstützung und Reform des Mönchtums.

Wie zerrüttet und heruntergekommen die kirchlichen Institutionen in Aquitanien wirklich waren, lässt sich schwer ermessen. Da Aquitanien erst 768 der direkten Gewalt der Karolinger unterworfen wurde, war diese Region jedenfalls von den von Bonifatius und Pippin angestrengten Reformen unberührt geblieben. Ludwig sorgte dafür, dass sie Anschluss an das restliche Frankenreich fand. Seine Erfolge waren so groß, dass der *Astronomus* ihn nicht nur einen König, sondern «nach seinen Werken noch viel eher einen Priester nennen» wollte. Sein kongenialer Partner war der Graf Witiza, der aus dem ehemals westgotischen Spanien stammte und nach seiner Hinwendung zum Mönchtum den Namen des hl. Benedikt von Nursia annahm. Als «zweiter Benedikt» gründete er ein Kloster in Aniane (bei Montpellier), welches durch seine strenge Lebensform und sein Charisma bald mehr als 300 Mönche zählte. Ludwig der Fromme und sein

Mentor Benedikt von Aniane waren an der Errichtung und Reformierung von 25 Klöstern beteiligt. Ludwig ging dabei planvoller vor als sein Vater und konnte beachtliche Erfolge verzeichnen.

Diese Tätigkeit bescherte ihm eine gute Presse in klösterlichen Kreisen. Am Hof seines Vaters hat er damit nicht reüssiert. Im Gegensatz zu seinen Brüdern taucht Ludwig nur am Rand in den Gedichten und Briefen aus dem Umfeld Karls des Großen auf. Überhaupt scheint die Beziehung zu seinem Vater kühl gewesen zu sein. Nachdem seine beiden Brüder in den Jahren 810/11 gestorben waren, wartete Karl zwei Jahre, bis er Ludwig im September 813 zum Nachfolger im Kaisertum bestimmte. Bereits ein Jahr zuvor hatte Karl seinen Enkel Bernhard, den Sohn Pippins, zum König in Italien eingesetzt. Da Ludwig zu dieser Zeit bereits selbst drei Söhne hatte, war dies eine empfindliche Einschränkung seiner Verfügungsgewalt. Nach der Kaiserkrönung wurde Ludwig von seinem Vater wieder nach Aquitanien entlassen. Ihm wurde damit verweigert, als Mitkaiser am Hof des Vaters in die Regierungsgeschäfte eingewiesen zu werden. Stattdessen zog Ludwig erst wenige Monate nach dem Tod Karls (28. Januar 814) in Aachen ein, in ein ihm teilweise feindlich gesinntes Umfeld.

Ludwig machte aus der Not eine Tugend und nutzte den Einzug zur Machtdemonstration. Das «Treiben seiner Schwestern» hatte ihn nämlich «schon lange in seinem Herzen geärgert», wie der *Astronomus* zu wissen meint. Er nötigte seine Schwestern zum Verlassen des Hofes und ließ die «überaus zahlreiche weibliche Gesellschaft vom Hof entfernen». Aber nicht nur die «schlimme Unzucht» am Hof erregte das Missfallen des neuen Kaisers, er griff auch hart gegen jene durch, die mit der Unterwerfung unter seine Herrschaft abgewartet und sich daher des «Majestätsverbrechens» schuldig gemacht hatten. Was sein Biograph vor allem als moralische Reinigung des Hofes darstellt, bedeutete zugleich einen Austausch auf der Ebene der führenden Berater. Enge Vertraute Karls wie dessen Cousins Adalhard und Wala stellte Ludwig politisch kalt: Abt Adalhard von Corbie wurde in ein Kloster auf die Insel Noirmoutier verbannt, welches sein Konkurrent Benedikt von Aniane reformiert hatte. Wala, ehemaliger Heerführer des Kaisers, entsagte *nolens volens* der Welt und trat als Mönch ins Kloster Corbie ein.

Ludwig stützte sich dagegen in den Anfangsjahren vornehmlich auf Berater aus seiner Zeit als Unterkönig in Aquitanien. Benedikt von Aniane nahm bis zu seinem Tod im Jahr 821 eine führende Stellung ein. Für ihn ließ der Kaiser nahe seiner Hauptresidenz in Aachen ein eigenes Kloster errichten (Kornelimünster), welches aus Fiskalbesitz reich ausgestattet wurde. Benedikt ging in Aachen ein und aus und war die zentrale Anlaufstelle für die Bittsteller am Hof. Eine Anekdote aus der Vita Benedikts bringt diese Stellung deutlich zum Ausdruck: Als über 60-Jähriger schrieb Benedikt aus Vergesslichkeit die eingegangenen Bitten auf kleine Zettel und steckte sie in seinen Ärmel. Der Kaiser kannte diese Marotte und pflegte selbst diese Zettel aus den Ärmeln des Abtes herauszuschütteln. Was diese Anekdote auch lehrt, ist die Bedeutung des Hofes in der Zeit Ludwigs des Frommen. Der Kaiser regierte durch Stellvertreter, Kontrolleure und Gesandte von seiner Hauptresidenz Aachen aus. Die Reichsversammlungen fanden bis 828 elf Mal in Aachen, vier Mal in Compiègne und je zwei Mal in Frankfurt und Nimwegen statt. Von Aachen aus regierte er sein Reich mit schriftlichen Erlassen, Mandaten und Urkunden, die in bisher nicht gekannter Weise standardisiert und formalisiert wurden. Da Ludwig nie gegen äußere Feinde in den Krieg zog und weder in Rom noch in Italien Präsenz zeigte, war die Regierungstätigkeit in einem hohen Ausmaß zentralisiert. Direkter Zugang zum Kaiser war dabei nur wenigen engen Beratern wie Benedikt von Aniane möglich. Nach Benedikts Tod stellte sich Graf Matfrid von Orléans «wie eine Mauer» zwischen den Kaiser und die Bittsteller, so dass selbst ein Erzbischof wie Agobard von Lyon sich nur schriftlich Gehör verschaffen konnte.

Die Zentralisierung in Aachen wurde in den ersten Jahren zu ambitionierten Reformen genutzt. Benedikt übertrug die Umgestaltung des Mönchtums im Auftrag des Kaisers nun auf das gesamte Frankenreich. Im Jahr 816 wurde die Einhaltung der Regel des hl. Benedikt von Nursia eingeschärft sowie durch eine

Reihe von Bestimmungen ergänzt. Das Ziel war die Zusammenführung der unterschiedlichen monastischen Gewohnheiten zu einem «Bild der Einheit». Dieses Unterfangen zog eine umfassende Normierung des klösterlichen Alltags nach sich. Selbst die Länge der Kukulle, des Übergewands der Mönche, wurde festgelegt: Sie durfte das Maß von zwei Ellen nicht überschreiten und nur bis zum Knie reichen. Daneben waren den Mönchen zwei Hemden, zwei Hosen, Pelze, Decken und zwei Kappen erlaubt. Die neuen Vorschriften wurden umgehend schriftlich verbreitet und durch Visitationen der Klöster in ihrer Durchsetzung überwacht. Selbst der Kaiser befragte während seines Feldzugs gegen die Bretonen im Jahr 818 persönlich die Äbte nach der Einhaltung der neuen Regelungen.

Die Beziehung zwischen den Klöstern und dem Kaiser gestaltete sich aber nicht nur durch die Gleichschaltung der Mönchsregel eng. Bereits unmittelbar nach der Machtübernahme wurde die Privilegierung der Klöster durch Urkunden neu gestaltet. Es war im Frankenreich schon seit langem üblich, Klöster durch die Verleihung von besonderen Rechten der Immunität zu begünstigen. Sie waren dadurch auf ihrem Grundbesitz vom Eingriff durch lokale königliche Amtsträger wie Richter und Grafen befreit. Ludwig der Fromme erweiterte diese Begünstigung, wenn er um eine Bestätigung der Rechte gebeten wurde. Klöster wurden seit den ersten Jahren seiner Regierung auch regelmäßig in den besonderen Schutz des Königs aufgenommen und durften das Privileg der freien Wahl des Abtes in Anspruch nehmen. Die Leistungen, welche die Klöster im Gegenzug für den Kaiser erbringen mussten, hat Ludwig ebenfalls systematisiert. Eine erhaltene Liste teilt 48 namentlich genannte ‹Reichsklöster› nach ihren Leistungen (Heeresdienst, Abgaben und Gebetsdienst) in drei Gruppen ein. Selbst bei den schlechter ausgestatteten Klöstern, die nur den Gebetsdienst erbringen mussten, liefen Leistungen in erstaunlichem Umfang an: Die Nonnen von Remiremont (Vogesen) sangen in einem Jahr 1000 Psalter und feierten 800 Messen für das Wohl der Kaiserfamilie.

Im Gegensatz zu seiner Zeit als Unterkönig machte Ludwig als Kaiser beim Mönchtum nicht halt. Auch der Klerus insgesamt sollte einheitliche Regelungen befolgen. Dies wurde vor allem für die Kleriker Wirklichkeit, die an einer städtischen Kirche eine gottesdienstliche Gemeinschaft bildeten. Für diese «Kanoniker» genannten Kleriker ließ Ludwig der Fromme eine einheitliche Regel aufschreiben, in der besonders auf das gemeinsame Leben Wert gelegt wurde. Jede Gemeinschaft musste sich entscheiden, ob sie als Kanonikerstift oder als Mönchskloster fortexistieren wollte. Die Regelungsdichte war für die Kanoniker nicht weniger engmaschig als für die Mönche. Der tägliche Konsum von Wein und Bier wurde auf das Pfund genau festgelegt, wobei jeweils nach reichen, weniger reichen und armen Kirchen sowie nach Wein tragenden und nicht Wein tragenden Orten unterschieden wurde. Was für Mönche und Kanoniker gelten sollte, wurde auch von den religiösen Frauengemeinschaften verlangt, die sich entweder als Nonnenkloster oder als Frauenstift von Kanonissen einordnen mussten.

Dieser Hang zur schriftlichen Normierung prägte die ersten Jahre Ludwigs des Frommen. Es wäre verfehlt zu behaupten, dass sich die Normierung allein auf kirchliche Belange erstreckte, da der Kaiser auch wichtige Neuregelungen im weltlichen Recht anstieß. Doch lag auf der Reform der Kirche sicher sein Hauptaugenmerk. Ebenso wenig wäre es richtig, Ludwig als einen Neuerer zu bezeichnen. Er führte vielmehr eine Tendenz zum Abschluss, die bereits ansatzweise seit der Zeit des Bonifatius erkennbar ist und dann seit Pippin und Karl dem Großen zum Kern der königlichen Agenda zählte. Ludwig trieb nur rücksichtsloser die Homogenisierung und Hierarchisierung der Kirche voran, da er seine Entscheidungen häufig im kleinen Kreis traf und von Aachen aus die Umsetzung überwachte.

Diese Bewertung der Reformen Ludwigs gilt im Kern auch für seine berühmte Regelung der Nachfolge. Im Juli 817 traf er in der *Divisio imperii* die Entscheidung, sein Reich nicht in drei gleich großen Teilen an seine Söhne weiterzugeben, sondern das Kaisertum dem ältesten Sohn Lothar vorzubehalten und die jüngeren Söhne nur mit kleinen Unterkönigreichen in Bayern und Aquitanien auszustatten. Zwischen Kaiser Lothar und den jüngeren Brüdern sollte ein deutliches Machtgefälle herrschen.

Kriege durften die jüngeren Brüder nur mit Zustimmung des Kaisers führen, und Gesandte hatten immer vor den Kaiser zu treten. Einmal im Jahr sollten sie ihren kaiserlichen Bruder aufsuchen, ihm Geschenke überreichen und über notwendige Angelegenheiten des Gesamtreiches gemeinsam in brüderlicher Liebe beraten. Bei Uneinigkeit sollte die letzte Entscheidung in der Hand des Kaisers liegen.

Auf den ersten Blick war diese Ordnung ein Bruch mit der Tradition. Historiker haben lange Zeit diese Meinung vertreten und dem Dokument deshalb den nicht authentischen Titel *Ordinatio imperii* gegeben, um die Teilung (*divisio*) kleinzureden. Schließlich wurde das Frankenreich seit Chlodwig in der Regel in gleiche Teile geteilt, wenn es mehrere erbberechtigte Söhne gab. In diesem Sinn war die Ordnung von 817 keine Teilung, weil Lothar als Kaiser eine Vormachtstellung im gesamten Frankenreich genießen sollte. Wenn die Regelung aber einen Bruch mit der fränkischen Tradition darstellte, so lag die Einschätzung nahe, dass Ludwig damit einen kapitalen politischen Fehler beging. Die Konflikte um die Frage der Aufteilung des Frankenreichs, die sich von 830 bis 843 hinzogen, scheinen diese Bewertung zu bestätigen.

Doch auch die *Divisio imperii* muss wohl eher unter dem Blickpunkt des Anknüpfens an bestehende Tendenzen betrachtet werden. Schließlich hatte bereits Karl der Große in seiner Dreiteilung von 806 seinen ältesten Sohn sehr deutlich bevorzugt, indem er ihm die gesamte Kernregion des Frankenreichs hatte überlassen wollen. Nachdem diese Regelung durch den frühen Tod von zwei Söhnen über den Haufen geworfen worden war, entschied sich Karl dann für die alleinige Nachfolge Ludwigs im Kaisertum. Sein Enkel Bernhard bekam nur Italien und wurde dem kaiserlichen Onkel untergeordnet. Der Schritt von der Unterordnung eines Neffen unter seinen Onkel zur Unterordnung von jüngeren Brüdern unter den älteren war so groß nicht. Es lag daher eine historische Konsequenz in der Entscheidung Ludwigs. Aber auch aus pragmatischen Gründen schien es geboten, an der Einheit des Kaisertums festzuhalten. Schließlich war es eine Erfahrung aus den letzten 100 Jahren, dass die Bemühungen um Homogenisierung und Hierarchisierung der Kirche durch die einheitliche Regierung entscheidend begünstigt worden waren. Diesen Gedanken formulierte Ludwig im Prolog seiner *Divisio*: «Uns und denen, die das Richtige wissen, ist aber nicht richtig erschienen, dass aus Liebe oder Gefälligkeit zu den Söhnen die Einheit des Reiches, das Gott uns bewahrt hat, durch eine menschliche Teilung zerspalten werde, damit nicht etwa bei einer solchen Gelegenheit ein Ärgernis in der heiligen Kirche entstünde und wir uns selbst den Zorn dessen zuzögen, in dessen Kraft die Gerechtigkeit aller weltlichen Herrschaft besteht.»

Die *Divisio* machte somit Ernst mit der Idee eines christlichen Kaisertums. Ihr ist also sowohl historische Konsequenz als auch eine pragmatische Argumentation zu bescheinigen. Ludwigs *Divisio* war ein legitimer Versuch eines Kompromisses zwischen einer Alleinherrschaft im Kaisertum und der Vererbung des Königtums an alle Söhne. Das Arrangement war freilich ungewöhnlich: Könige, die sich einem Kaiser dauerhaft und institutionell unterordneten, gab es in der mittelalterlichen Geschichte nur selten. Der König von Böhmen im mittelalterlichen römisch-deutschen Reich ist ein solcher Fall. Ob die *Divisio* jemals den Test der Wirklichkeit bestanden hätte, ist jedoch nicht mehr festzustellen, da Ludwig selbst sie nach der ersten Rebellion von 830 widerrief.

Wie die Normierungen und die Nachfolgeregelung zeigen, war Ludwig alles andere als ein schwacher Kaiser. Er war vielmehr überaus entscheidungsfreudig. Im Vorwort seines abschließenden Reformgesetzes, welches im Winter 818/19 auf einer Versammlung in Aachen zustande kam, erklärte der Kaiser selbst diesen Aktivismus folgendermaßen: «weil wir gemäß dem Apostel, solange wir auf Erden sind, fern von Gott in der Fremde leben und nichts in der gegenwärtigen Zeit fest, nichts unbewegt ist, sondern alles in schnellem Lauf vorbeizieht und weil wir nach dem Zeugnis der Heiligen Schrift alles, was wir können, sofort ausführen sollen, weil niemandem ein nächster Tag für gutes Handeln zugesichert wird und weil wir alle gemäß dem Apostel vor dem Gericht Christi stehen werden, damit ein jeder sich für das, was er getan hat, rechtfertigt». Das Gefühl der Verantwortlichkeit saß bei Ludwig tief. Seine gesteigerte Aktivität verdankte sich einer Einsicht in die Dringlichkeit von «sorgsamen Untersuchungen» und «verbessernden Eingriffen» im Angesicht des ewigen Richters. Sein Hof, an dem die Entscheidungen getroffen wurden, wurde somit zu einem heilsgeschichtlichen Ort.

Wie beim Regierungsantritt 814 hatte auch die Entscheidung von 817 ihre Opfer. König Bernhard von Italien wurde in der *Divisio imperii* mit keinem Wort erwähnt. Lediglich die Unterordnung des Königreichs Italien unter den zukünftigen Kaiser Lothar wurde festgehalten. Da bereits die Unterordnung unter seinen Onkel ungewöhnlich war, wurde die Fortsetzung dieses Verhältnisses zu seinem Cousin Lothar von Bernhard offenbar nicht akzeptiert. Ob Bernhard tatsächlich von sich aus etwas unternahm, das als Rebellion gewertet werden konnte, wird für immer ungeklärt bleiben. Wahrscheinlicher ist, dass er das Opfer von Intrigen wurde, an denen die Frau des Kaisers, Irmingard, und Grafen in Italien beteiligt waren, die ein Interesse an der Ausschaltung Bernhards hatten. Der Hof Ludwigs war jedenfalls der Meinung, dass Bernhard Hochverrat begangen hatte. Er wurde zunächst zum Tode verurteilt und dann von Ludwig zur Blendung begnadigt, an deren Folgen er am 17. April 818 starb. Mit Bernhard wurden noch andere vermeintliche Mittäter zu Haft und Exil verurteilt. Auch Ludwigs Halbbrüder waren Opfer dieser Säuberung: Ihnen wurde eine Mönchstonsur verpasst.

Damit konzentrierte sich die politische Gemeinschaft noch stärker auf den Hof als zuvor. Das Königreich Italien unterstand jetzt direkt dem Kaiser. Nur in Aquitanien nahm die Regierung Pippins langsam Gestalt an, obwohl auch dort Ludwig die Zügel nicht vollkommen aus der Hand gab. Die Veränderungen am Hof in Aachen, die in den Folgejahren stattfanden, erhielten deshalb noch größeres Gewicht. Entscheidend waren zwei Todesfälle. Im Jahr 818 starb Ludwigs Ehefrau Irmingard. Anders als für seinen Vater kam es für Ludwig nicht in Frage, ein eheloses Leben mit wechselnden Geliebten zu führen. Ehelosigkeit war ein Charakteristikum des klerikalen und mönchischen Lebenswandels, während der Laienstand durch die Ehe definiert wurde. Ludwig blieb daher seinen Grundsätzen von der Ordnung der Gesellschaft treu, als er 819 mit Judith, der Tochter des bayerischen Grafen Welf, eine zweite Ehe schloss. Bereits ein Jahr später kam eine Tochter auf die Welt und 823 ein Sohn. Der Sohn wurde auf den Namen Karl getauft und erhielt seinen Halbbruder Lothar zum Paten. Dass er somit an der 817 eigentlich abschließend geordneten Nachfolge beteiligt werden sollte, war von Beginn an unstrittig. Über die konkrete Ausgestaltung wurde jedoch vorerst noch nicht entschieden.

Fast ebenso wichtig wie die zweite Ehe Ludwigs war der Tod seines führenden Beraters Benedikt von Aniane im Februar 821. Ludwig ergriff die Gelegenheit zu einer umfassenden Versöhnung mit denjenigen, die er in den ersten Jahren seiner Herrschaft politisch kaltgestellt hatte. Der Kaiser begnadigte darüber hinaus alle, die am Aufstand Bernhards beteiligt gewesen waren und ihre Schuld gestanden. Er versöhnte sich mit den Beratern seines Vaters, Adalhard und Wala, und übertrug ihnen wichtige Aufgaben. Auch seine Halbbrüder, die er zu Mönchen hatte scheren lassen, holte er zurück an den Hof und stattete sie mit hohen Ämtern in der Kirche aus. Als Höhepunkt dieser Versöhnung trat er in der Pfalz Attigny 822 vor die versammelte Elite und büßte öffentlich seine Sünden, insbesondere den Tod seines Neffen Bernhard von Italien. Sogar die Vergehen seines Vaters sühnte er stellvertretend durch reiche Almosen und durch inständiges Gebet. Die Bischöfe ließen sich von dieser Bußhaltung anstecken und bekannten ebenso öffentlich ihre Nachlässigkeiten bei der Umsetzung der Reformen.

Die Buße des Kaisers war zweifelsohne spektakulär. Kein anderer König der Franken hatte bislang eigene und gar fremde Fehlleistungen öffentlich vor den Großen des Reiches zum Thema gemacht und dafür um Vergebung gebeten. Es wäre aber verfehlt, die Buße eindeutig als Stärke oder Schwäche des Herrschers interpretieren zu wollen. Die Zeitgenossen mussten dem neuen Ritual, das verschiedene Deutungen zuließ, überhaupt erst einen Sinn abgewinnen. Der *Astronomus* machte dem Leser die Handlung verständlich, indem er auf ein berühmtes Vorbild verwies: die Buße des Kaisers Theodosius für ein Massaker in Thessaloniki im Jahr 390. Auch in der Bibel gab es mit David das Vorbild eines büßenden Königs, der durch seine Reue eine neue Stufe der Gnade erreichte. Das Christentum hat seit jeher der Reue und Umkehr eines «verlorenen Sohnes» eine besondere Gnadenwirkung zugeschrieben. Ein Bußritual konnte aber ebenso den Eindruck erwecken, die Demütigung sei dem Kaiser aufgedrängt worden. Eine andere Quelle (Paschasius Radbertus) spricht davon, dass alle Zuschauer des Rituals «sein Wollen betrachten wollten, aber sein Nicht-Wollen offen erkennen konnten». Für den Kaiser selbst standen dagegen weniger machtpolitische Überlegungen im Vordergrund als seine Verantwortlichkeit. Er wollte seine Amtsträger zu größeren Anstrengungen in der Verwaltung auffordern und ließ sich selbst von seinen Bischöfen dazu ermahnen. Er handelte im Bewusstsein, dass Sünden an höchster Stelle nach dem Zeugnis der Heiligen Schrift «Unglücksfälle, Unordnung, Niederlagen und Unfruchtbarkeit» zur Folge haben würden.

Die Ermahnung (*admonitio*) bildete überhaupt ein Leitthema der Regierung Ludwigs des Frommen. In zwei Schlüsseltexten aus den Jahren nach der Buße von Attigny wird das Prinzip der gegenseitigen Ermahnung in aller Ausführlichkeit erläutert. In einem Erlass des Jahres 825 ermahnte Ludwig alle «Stände» des Reiches (Amtsträger, Kleriker, Mönche, Laien) zur korrekten Amtsführung und Pflichterfüllung. Der Kernsatz lautet: «Aber obwohl der höchste Rang dieses Amtes in unserer Person zu bestehen scheint, ist es dennoch bekanntlich sowohl durch göttliche Autorität als auch durch menschliche Anordnung anteilsweise so aufgeteilt, dass ein jeder von euch bekanntlich an seinem Ort und Stand Anteil an unserem Amt hat. Daher zeigt sich, dass ich euer aller Mahner sein soll und ihr alle unsere Helfer sein sollt. Denn wir wissen sehr wohl, was jedem von euch in dem ihm anvertrauten Anteil zukommt, und daher können wir es nicht unterlassen, einen jeden gemäß seinem Stand zu ermahnen.» Besonders wandte sich der Kaiser an die Grafen und an die Bischöfe. Sie hätten sich gegenseitig in der Führung ihres Amtes zu unterstützen und Pflichtverletzungen zu denunzieren. Zur gleichen Zeit schickte er Kontrolleure (*missi dominici*) durch das Reich, die, mit besonderen Vollmachten ausgestattet, die Einhaltung der Bestimmungen überwachen sollten. Über die Verbreitung seiner allgemeinen Ermahnung verfügte Ludwig in ungewöhnlicher Präzision: Der Kanzler sollte den Erzbischöfen, Grafen und Bischöfen Kopien zur Vervielfältigung weitergeben, darüber eine Liste für den Kaiser aufstellen und zur Verlesung der Regelungen vor Ort auffordern.

Der zweite Text beschreibt dasselbe kooperative Regiment aus Sicht der Bischöfe. Auf einem vom Kaiser einberufenen Konzil in Paris (829) wurde ein enormes Konvolut von Normen beschlossen, das der Bischof Jonas von Orléans zusammenstellte und welches auf verschiedenen Überlieferungswegen bedeutende Wirkungen entfaltete. Jonas beschrieb ebenfalls die Mitwirkung und Teilhabe der Bischöfe, setzte aber den Akzent auf die unterschiedliche Zuständigkeit von königlicher und bischöflicher Gewalt. Er berief sich dabei auf den berühmten, aber damals wenig gelesenen Brief des Papstes Gelasius I. (492–496) über die zwei Gewalten: die bischöfliche Autorität und die königliche Macht. Die Bischöfe waren demnach für das Seelenheil der Gläubigen verantwortlich und legten dafür bei Gott Rechenschaft ab, während der König sich um das irdische Wohl des Gemeinwesens zu sorgen hatte. Vielleicht wollten Jonas und seine Bischöfe damit dem Kaiser einen Wink geben, es mit seiner Idee der Verantwortlichkeit nicht zu weit zu treiben. Zumindest im selben Ausmaß war damit aber eine Selbstkritik der Bischöfe und ihrer Einmischung in weltliche Angelegenheiten enthalten. Im Kern unterscheidet sich die Vision der Bischöfe nicht von der des Kaisers: Das Reich war eine Heilsgemeinschaft, in der sich Kaiser und Bischöfe als Mahner und Ermahnte zu bewähren hatten.

Die ersten 15 Jahre seiner Regierung verliefen für Ludwig sicher nicht problemlos. Es gab Grenzkriege in allen Himmelsrichtungen: gegen die Dänen im Norden, die Slawen und Bulgaren im Osten, gegen das islamische Emirat und die Bretonen im Westen und gegen arabische Plünderer im Süden. Zudem kam es in den Jahren 820 bis 824 zu einer Reihe von besonders langen und nassen Wintern, die durch vulkanische Aktivität und die daraus folgende Verdunkelung der Atmosphäre verursacht worden waren. Die schwersten Hungersnöte des 9. Jahrhunderts waren die Folge. Eine existentielle Gefährdung war jedoch in diesen Jahren nicht eingetreten.

All dies änderte sich grundlegend im Jahr 828. Im Jahr zuvor musste Ludwig zwei empfindliche Niederlagen an den Grenzen hinnehmen. Im Kampf mit den Bulgaren erlebte Markgraf Balderich von Friaul ein Debakel. Ungleich schwerer wog jedoch, was sich zur selben Zeit an der deutlich näheren Grenze zum islamischen Emirat von Córdoba zutrug. Dort brach ein Aufstand der ansässigen gotischen Bevölkerung aus, der von den Truppen des Emirats zu einem Einfall in fränkisches Territorium genutzt wurde. Das flache Land wurde verwüstet und geplündert, nur Barcelona konnte unter dem Grafen Bernhard erfolgreich verteidigt werden. Die Hilfstruppen, die Ludwig der Fromme unter dem Befehl der Grafen Hugo von Tours und Matfrid von Orléans in den Südwesten geschickt hatte, trafen verspätet ein und ließen die Feinde mit Beute ungeschoren entkommen. Ludwig griff im Februar 828 auf der Aachener Reichsversammlung energisch durch: Balderich, Hugo und Matfrid wurden ihrer Ämter enthoben. Damit verloren zwei führende Persönlichkeiten am Hof des Kaisers ihre Stellung: Hugo war der Schwiegervater des Mitkaisers Lothar, und Matfrid zählte zu den maßgeblichen Beratern am Hofe.

Der Kaiser nahm also das Verständnis des Amtes, wie er es in seinem Erlass von 825 formuliert hatte, sehr ernst: Wer sich ein Fehlverhalten zuschulden kommen ließ, musste seines Amtes enthoben werden. Solche Absetzungen waren gravierend und bedeuteten für das politische System gleichsam einen Härtetest. Schließlich war die Möglichkeit, im Auftrag des Kaisers zu handeln, entscheidend für die Festigung regionaler Machtbastionen. Bei Hugo und Matfrid wog die Absetzung noch schwerer, weil sie damit ihren Status als bevorzugte Ratgeber bei Hof verloren. Ihr Fall war dementsprechend tief.

Doch mit diesen harten personellen Entscheidungen war es nicht getan. Denn die Unzufriedenheit saß tiefer. Innerhalb der intellektuellen Elite machte sich eine Intensivierung der Krisenrhetorik bemerkbar. Bestes Beispiel dafür sind die Schriften des langjährigen Beraters und Höflings Einhard. Als einer der wenigen, der alle personellen Umwälzungen unter Ludwig dem Frommen unbeschadet überstanden hatte, berichtet er in seiner Schrift über eine Reliquienüberführung von Mahnungen an den Kaiser. Eine Himmelsbotschaft, deren Inhalt er verschweigt, habe er im Auftrag des Erzengels Gabriel dem Kaiser übergeben. Ferner berichtet er von einem Dämon Wiggo, der in Einhards Kloster Seligenstadt aus dem Mund eines Mädchens mit seinen Erfolgen geprahlt hätte. Von Gott selbst sei Wiggo aufgrund der Sünden des Volkes und der Regierenden die Erlaubnis gegeben worden, das Frankenreich jahrelang mit Katastrophen wie Ernteausfällen, Rinderseuchen, Krankheiten und Niederlagen heimzusuchen.

Die Mahnungen eines Einhard und anderer Persönlichkeiten kreisten nur innerhalb einer kleinen gelehrten Elite. Es wäre daher abwegig, in ihnen die Stimme jener Opposition zu erkennen, die sich im Jahr 830 in der ersten Rebellion machtvoll entlud. Schließlich waren Mahner wie Einhard und Jonas von Orléans an dieser Rebellion vollkommen unbeteiligt. Sie machten auf Missstände aufmerksam, aber dasselbe tat auch der Kaiser. Er benötigte die Krisenrhetorik geradezu, um im November 828 auf der dritten Reichsversammlung dieses Jahres erneut eine grundlegende Reform in Gang zu setzen. Ludwig beschloss, für das nächste Jahr Bischofsversammlungen im ganzen Reich einzuberufen, und zwar in Mainz, Paris, Lyon und Toulouse. Im Vorfeld sollten Königsboten zu Ostern ausgesandt werden und Berichte über Missstände und Schwierigkeiten vor Ort sammeln. Die Königsboten sollten über alles Aufklärung erhalten: über die Bischöfe, die Abteien, die Kleriker, die Grafen und über alle, die dem Kaiser noch keinen Treueid geleistet hatten. Dafür sollten in jeder Grafschaft ehrenwerte Personen vereidigt werden, um darüber die Wahrheit zu berichten. Was die Boten nicht an Ort und Stelle lösen konnten, sollten sie dem Hof weiterleiten. Diese Instruktionen sind die ausführlichsten aus der Karolingerzeit. Vor den Bischofssynoden sollte das ganze Volk im

Reich drei Tage lang fasten, und zwar vom 24. bis 26. Mai. Danach sollten sich alle zum Kriegsdienst verpflichteten Männer für eine eventuelle Mobilisierung bereithalten.

Der Aufwand war enorm – und das trotz der kaum erheblichen militärischen Rückschläge. Die Krisenstimmung wurde vom Hof selbst angefacht. Ludwigs Einberufungsschreiben zum Konzil lässt die Dramatik erahnen: «Wer nämlich fühlte nicht, dass Gott durch unsere Übeltaten verletzt und zum Zornesausbruch gereizt wurde, wenn er sieht, dass sein Zorn seit so vielen Jahren mit allerlei Geißeln in dem uns von ihm anvertrauten Reich wütet – nämlich mit andauernder Hungersnot, mit Tiersterben, mit Epidemien unter den Menschen, mit Unfruchtbarkeit fast aller Feldfrüchte. ... Und sicherlich ist auch dies unseren Sünden zuzuschreiben: dass die Feinde des Namens Christi im vergangenen Jahr in dieses Reich eingefallen sind und frech und ungestraft, ja grausam geplündert, Kirchen in Brand gesteckt, Christen gefangen genommen und Diener Gottes ermordet haben. Auf das gerechte Urteil Gottes hin geschieht es doch, dass wir, die wir uns in Allem versündigt haben, von innen und zugleich von außen gegeißelt werden.» Vor dem Hintergrund solch eindeutiger Sündenbekenntnisse Ludwigs ist es durchaus denkbar, dass Mahner wie Einhard die Krisenstimmung im Sinne des Kaisers zusätzlich befeuerten.

Das Jahr 829 sah infolge der Reformanstrengungen eine außergewöhnliche Zunahme der Zahl von Konzilsakten und Reformgesetzen. Die in Paris versammelten Bischöfe verfassten unter der Anleitung Jonas' von Orléans das bereits erwähnte vielseitige Memorandum und legten es in der Form eines Berichts dem König vor. Sie pochten auf die Trennung zwischen weltlichen und geistlichen Aufgaben.

Nachdem sich das Gerücht eines Angriffs der Dänen auf Sachsen als falsch herausgestellt hatte, versammelte der Kaiser das Reich im August in Worms. Zu diesem Zeitpunkt verstand sich Ludwig als erfolgreicher Krisenbewältiger. Es war ohne Beispiel, wie breit und intensiv damals ein halbes Jahr lang auf allen Ebenen über Reform und Wiederherstellung von Gerechtigkeit diskutiert wurde. An den Grenzen herrschte überall Ruhe. Nur wenn man die Reform aus der Sicht des Kaisers als Erfolg begreift, wird verständlich, weshalb sich Ludwig im August in der Lage fühlte, einschneidende personelle Entscheidungen zu treffen: Er stattete seinen nachgeborenen Sohn Karl mit einem Teilreich aus, und zwar mit Alemannien, Rätien, dem Elsass und einem Teil Burgunds, ohne ihn aber formell zum König zu erheben. Die *Divisio imperii* von 817 war damit nicht außer Kraft gesetzt worden, doch Lothar I. musste sich damit abfinden, den jüngeren Halbbruder in seinem Territorium unterzubringen. Zur gleichen Zeit erhob Ludwig den erfolgreichen Verteidiger von Barcelona, Bernhard von Septimanien, zum Kämmerer und folglich zu einer der höchsten Chargen am Hof. Bernhard, ein entfernter Verwandter und Patenkind Ludwigs, rückte damit in die weltliche Spitze gleich hinter dem Kaiser auf. Auch die Brüder der Kaiserin Judith erhielten hohe Ämter. Als Folge dieser personellen Veränderungen kam es zum Bruch des Kaisers mit Lothar: Der Mitkaiser wurde nach Italien geschickt und seit dem 6. September 829 in den Urkunden nicht mehr Seite an Seite mit seinem Vater erwähnt.

Damit fand nach 814 und 821 zum dritten Mal eine personelle Neuordnung des Hofes statt. Der Kaiser war damit zufrieden. Den Rest des Jahres verbrachte Ludwig in Frankfurt bei der Jagd, um damit allen die Wiederherstellung der Ordnung im Reich zu signalisieren. Weihnachten feierte er «mit großer Freude und Erleichterung» in Aachen.

Die Freude war aber nicht von langer Dauer. Wenige Wochen später brach der erste Aufstand gegen den Kaiser aus. Die Rebellen machten sich die Unzufriedenheit über einen Feldzug gegen die Bretonen zunutze, der im Februar 830 auf einer Versammlung in Aachen beschlossen worden war. Am 14. April 830, dem Gründonnerstag, sollte das Heer an der Grenze zur Bretagne eintreffen. Ludwig selbst brach am Aschermittwoch (2. März) von Aachen auf, um entlang der Kanalküste zum vereinbarten Treffpunkt zu ziehen. Als er sich in Saint-Omer (nahe Calais) befand, erreichte ihn die Nachricht vom Aufstand. Ausgerechnet seine langjährigen Berater hatten sich plötzlich gegen ihren Kaiser erhoben: Die Äbte Hilduin und Helisachar verdankten Ludwig ihre Ämter und hatten ihm von Beginn an am Hof zur Seite gestanden; Graf Lambert (von Nantes) hatte ihm 814 den Weg nach Aachen freigekämpft; Wala von Corbie war seit 822 wieder in Gnaden aufgenommen worden und die graue Eminenz am Hofe. Andere wie die Grafen Hugo und Matfrid handelten hingegen aus Enttäuschung über den Verlust ihrer Stellung. Die Söhne Ludwigs waren zunächst nicht beteiligt und schlossen sich den Aufständischen erst nachträglich an. Der älteste Sohn Lothar übernahm im Mai 830 die Führung.

Unmut über den Feldzug gegen die Bretonen war gewiss nur Anlass, nicht aber eigentliche Ursache des Aufstands. Die ersten Maßnahmen der Rebellen zeigen deutlich die Stoßrichtung an, die der Rebellion zugrunde lag. Der neue Kämmerer Bernhard fürchtete um sein Leben und flüchtete nach Barcelona. Sein Bruder Heribert wurde auf Befehl Lothars geblendet, sein Cousin Odo aus seiner neuen Grafschaft Orléans verjagt. Darüber hinaus nahmen die Rebellen die Kaiserin Judith gefangen und zwangen sie dazu, den Schleier zu nehmen und ins Kloster der hl. Radegundis in Poitiers einzutreten. Judiths Brüder, Konrad und Rudolf, verschwanden in der Klosterhaft. Ausgeschaltet wurden also genau jene Kräfte, die seit August 829 am kaiserlichen Hof den Ton angaben. Als Legitimation erfanden die Rebellen eine ‹schwarze Legende›: Der ältliche Kaiser Ludwig habe im Bett nicht mehr die eheliche Pflicht gegenüber seiner jungen Gemahlin erfüllt, weswegen sich diese in Bernhard von Septimanien einen Liebhaber gesucht habe. Die Geliebten hätten das kaiserliche Ehebett besudelt, den Kaiser durch Zauberkünste an der Erkenntnis des Ehebruchs gehindert und die Übernahme der Macht vorbereitet. Man sprach sogar davon, Bernhard habe den Kaiser selbst ermorden und als Vormund von Karl an die Macht gelangen wollen. Das Verbrechen wog umso schwerer, als Bernhard das Patenkind des Kaisers war und deshalb nicht nur das Vertrauen Ludwigs missbrauchte, sondern mit der Kaiserin in einer geistlichen Verwandtschaft verbunden war. Geschlechtsverkehr mit der Frau des Taufpaten stand seit dem 8. Jahrhundert als Verbrechen unter Strafe. Die Rebellen gaben daher vor, eine Tyrannis zu verhindern und den Kaiser selbst vor seiner sündigen Umgebung zu schützen. Aus dieser Perspektive handelte es sich tatsächlich um eine «loyale» Rebellion. Ludwig selbst hätte freilich darin wohl kaum einen Ausdruck von Loyalität erblicken können.

Verleumdungen solcher Art verliehen dem Anliegen der Rebellen die notwendige Dringlichkeit. Warum aber war überhaupt Eile geboten? Es ist kaum zu glauben, dass der Kämmerer Bernhard im Zeitraum von einem halben Jahr «die Ratsversammlung zerstörte, die vernünftigen Gesetze zertrümmerte, die Ratgeber verjagte, die Verträge ungültig machte und die Ordnung umstürzte», wie der Gegner Ludwigs Paschasius Radbertus nachträglich formulierte. Dringlich war die Angelegenheit, weil mit dem Umschwung vom August 829 der älteste Sohn Lothar seine Stellung verloren hatte und aus der Mitregierung entlassen worden war. Ein weiterer Anhänger der Rebellen, Erzbischof Agobard von Lyon, bewertete dies in einem Brief vom Jahreswechsel 829/30 an den Kaiser als einen Verstoß gegen den göttlichen Willen, der in der *Divisio imperii* von 817 festgehalten worden war. Dieser Brief belegt die Unsicherheit, welche der Umschwung vom August 829 in der Führungsschicht ausgelöst hatte. Damit ist das Grundproblem von Ludwigs Regierung angesprochen: Der Kaiser hatte die Macht am Hof konzentriert und früh durch die *Divisio* für Erwartungssicherheit gesorgt; der heilsgeschichtliche Sinn für Verantwortlichkeit nötigte ihm jedoch immer wieder harte Entscheidungen ab, welche alle Erwartungen für die Zukunft destabilisierten.

Es war keine leichte Aufgabe, dem Kaiser selbst sein Amt streitig zu machen. Zuerst versuchten die Rebellen vergeblich, Ludwig zur Abdankung und zum Eintritt ins Kloster zu bewegen. Da sich Lothar nicht dazu entschließen konnte, Gewalt gegen seinen Vater anzuwenden, begnügte er sich mit der Wiederherstellung der Verhältnisse vor dem August 829. Diese Situation nutzte Ludwig der Fromme umgehend zu seinen Gunsten. Über einen Mönch, der ihn bewachte, trat er in Verbindung mit seinem Sohn Ludwig in Bayern und stellte ihm eine Vergrößerung seines Reichsteils in Aussicht. Den Ort für die nächste Reichsversammlung bestimmte Ludwig in Nimwegen, wo er sich Unterstützung durch seinen gleichnamigen Sohn erhoffte. Daneben setzte er fest, dass jeder Teilnehmer unbewaffnet und ohne Gefolge an der Versammlung teilnehmen musste. Zudem hinderte er führende Köpfe der Rebellion an der Reise nach Nimwegen, indem er ihnen andere Aufträge übertrug. Dort gemahnte er dann öffentlich seinen Sohn an seine Pflichten gegenüber dem Vater. Lothar wagte nicht die bewaffnete Auseinandersetzung, sondern gab nach. Ludwig ließ die Verschwörer festsetzen und einen beteiligten Bischof (Jesse von Amiens) sogar aus dem Amt jagen. Im Februar 831 fand dann die Abrechnung statt: Auf einer Reichsversammlung in Aachen wurden die Rebellen mit Konfiskation, Exilierung und Absetzung bestraft. Lothar musste sich nach Italien zurückziehen, nachdem er einen Eid auf seine Treue gegenüber Ludwig geleistet hatte. Kaiserin Judith kehrte an den Hof zurück, wo sie sich durch einen Eid von allen Vorwürfen reinigte.

Die Rückkehr an die Macht hatte jedoch ihren Preis. Ludwig musste seinen gleichnamigen Sohn für die geleistete Unterstützung belohnen und dessen Reichsteil vergrößern. Vielleicht fasste er damals den Beschluss, das ganze Reich nördlich der Alpen auf die jüngeren Söhne Ludwig, Pippin und Karl aufzuteilen, während Lothar auf Italien beschränkt bleiben sollte. Als sich Ludwig im Mai allerdings mit Lothar versöhnte und auch andere Rebellen wieder in Gnaden aufnahm, fürchteten die jüngeren Söhne Pippin und Ludwig um ihre Zugewinne. Die Folge war ein andauernder Streit um die jetzt wieder offene Frage der Nachfolge. Die Ordnung von 817 wurde nicht mehr anerkannt. In dieser unsicheren Situation vereinigten sich die drei Söhne aus erster Ehe zu einem Zweckbündnis gegen den Vater. Der zweite Aufstand brach aus.

In Aachen wurde der Kaiser im Frühjahr 833 von der Nachricht der Rebellion überrascht. Ludwig reagierte auf den Aufstand mit der Einberufung einer Reichsversammlung in Worms. Von dort aus zog er mit seinem Heer den Aufständischen nach Süden entgegen. Die Söhne gingen dieses Mal zielgerichtet vor. Zur geistlichen Unterstützung ihres Kampfes setzten sie auf eine ungewöhnliche Waffe: Lothar überzeugte Papst Gregor IV. von ihrem Anliegen und führte ihn mit über die Alpen. Bei Colmar auf dem Rotfeld standen sich die beiden Heere gegenüber. Papst Gregor schaltete sich in die Verhandlungen ein, um eine kriegerische Konfrontation zu verhindern. Er wandte sich in einem Brief an die Bischöfe im Lager Ludwigs und verteidigte seine Mission für die Wiederherstellung des Friedens im Frankenreich. Im Feldlager in Colmar traf er mit Kaiser Ludwig persönlich zusammen, um ihn zum Nachgeben zu überreden. Ludwig blieb hart und schwor seine Truppen auf den Kampf ein. Das päpstliche Manöver hatte aber seine Wirkung getan: Das Heer ließ seinen Kaiser im Stich und lief zu den Rebellen über. Das Rotfeld, auf dem sich der Verrat abgespielt hatte, wurde zum «Lügenfeld».

Lothar und seinen Anhängern war klar, dass sie dieses Mal dem Machtwechsel Dauer verleihen mussten. Ein reguläres Absetzungsverfahren für Könige und Kaiser gab es allerdings nicht. Die Rebellen verfielen deshalb auf eine neue Taktik. Der *Astronomus* berichtet: «Deshalb fürchteten die Anstifter des unerhörten Verbrechens, das Geschehen könnte wieder rückgängig gemacht werden; zusammen mit einigen Bischöfen ersannen sie dagegen ein, wie sie glaubten, schlaues Mittel: Der Kaiser sollte verurteilt werden für das, wofür er bereits Buße getan hatte, mit abgelegten Waffen noch einmal durch öffentliche Buße, gewissermaßen unwiderruflich, der Kirche Abbitte zu leisten, während doch die weltlichen Gesetze ein einmal begangenes Vergehen nicht zweimal bestrafen. Wenige erhoben Einspruch gegen dieses Urteil, manche waren damit einverstanden, die meisten der Anwesenden jedoch stimmten ihm, wie es in einer solchen Lage oft geschieht, nur mit den Lippen zu, um nicht die Vornehmen zu erzürnen. So wurde Ludwig verurteilt, in Abwesenheit und ohne Verhör, ohne Geständnis und ohne Beweis, und sie zwangen ihn, vor dem Leib des hl. Bekenners Medardus seine Waffen abzulegen und vor dem Altar niederzulegen; dann zogen sie ihm ein dunkles Büßergewand an und sperrten ihn in ein stark bewachtes Haus ein.»

Der Biograph vermittelt ein Bild des Verfahrens aus der Sicht des Kaisers: Es widerfuhr ihm großes Unrecht. Die Rebellen gaben dem Prozess aber durchaus rechtliche Formen. Ludwig wurde wegen einer Vielzahl von Verbrechen angeklagt: Mord an seinem Neffen Bernhard, Verletzung der Reichseinheit und des Friedens, Anstiftung zum Meineid, Bürgerkrieg gegen seine Söhne und vieles mehr. Die Bischöfe beriefen sich im Prozessprotokoll auf ihr Amt als Stellvertreter Christi und Schlüsselträger des Himmelreichs. Sie setzten ihn ab, weil Ludwig «das Amt, welches ihm übertragen ward, nachlässig behandelt hat und vieles, was Gott und den Menschen missfiel, sowohl gemacht hat als auch zu machen befahl oder zuließ und weil er in vielen Dingen Gott beleidigte und der heiligen Kirche einen Skandal bereitete».

Was als eine Demonstration der neuen Ordnung und als eine endgültige Beseitigung Ludwigs gedacht war, wendete sich jedoch gegen die Verschwörer selbst. Denn die harte Behandlung des alternden Kaisers erregte Unmut bei den Großen des Reiches. Auch die Zweckgemeinschaft der Söhne brach schnell auseinander. Bereits am 1. März 834 wurde Ludwig aus der Kirchenbuße entlassen. Lothar wollte aber diesmal nicht klein beigeben, sondern seine Stellung mit Waffengewalt behaupten. Nach kleineren Kämpfen musste er jedoch seine Unterlegenheit anerkennen und bat seinen Vater um Vergebung und um die Erlaubnis zur Rückkehr nach Italien. Im Jahr 835 wurde mit einer erneuten feierlichen Krönung Ludwigs der Status quo wiederhergestellt.

Trotz der beiden Rebellionen verliefen die letzten Jahre Ludwigs bis zu seinem Tod 840 einigermaßen ruhig. An den Grenzen des Frankenreichs tauchten seit 834 fast jährlich die Normannen auf, denen Ludwig aber entschlossen gegenübertrat. Er brach sogar die Vorbereitung für seinen ersten Romzug im Jahr 837 ab, um die Küstensicherung nach einer empfindlichen Niederlage auf der Insel Walcheren zu stärken. Zur Abwehr der Einfälle ordnete er den Bau einer Flotte an. Auch sonst ist eine Krise der Autorität des Kaisers nicht festzustellen. Seine Familie hatte er fortan fest im Griff und arbeitete zielstrebig auf die Anerkennung seines jüngsten Sohnes Karl hin. Als Pippin im Jahr 838 starb, hatte Ludwig plötzlich mehr Spielraum und setzte im Jahr darauf eine erneute Teilung fest. Mit Ausnahme Bayerns, das dem jüngeren Ludwig unterstand, wurde das Reich entlang der Flüsse Maas, Saône und Rhône in Nord-Süd-Richtung geteilt. Lothar entschied sich für den östlichen Teil, Karl sollte den westlichen Teil erhalten. Damit war endlich geglückt, was der Kaiser seit langem angesteuert hatte: die Ausstattung Karls als König in einer einvernehmlichen Lösung mit dem ältesten Sohn Lothar.

Dennoch stellten die letzten Jahre eher den gefestigten Strukturen des Reiches als der Persönlichkeit Ludwigs ein gutes Zeugnis aus. Ludwigs Charakter wurde selbst von seinen lobenden Biographen nicht ausschließlich positiv bewertet. Der eine, der Trierer Chorbischof Thegan, kritisierte die Freigiebigkeit, wie man sie «vorher weder aus alten Büchern kannte noch in neueren Zeiten gehört hat», und stellte das übertriebene Vertrauen in seine Ratgeber an den Pranger. Der andere, der *Astronomus*, verteidigte den Kaiser gegen Vorwürfe unangemessener Milde, die er bei der Bestrafung seiner Gegner an den Tag gelegt habe. Ludwigs Milde, aber auch seine tiefe Religiosität spiegelt sich in der erst später verfestigten Bezeichnung als der «Fromme/Gütige» (*pius*). Heutige Historiker betonen daher fast übereinstimmend die problematischen Seiten seiner Persönlichkeit. Manche stellen die Vernachlässigung des kriegerischen Elements der Königsherrschaft heraus, andere sehen den Kernpunkt eher in dem gesteigerten Gefühl der Verantwortlichkeit vor Gott, welches ihn immer wieder zu abrupten und umstrittenen Entscheidungen veranlasste. Sicher ist jedenfalls, dass Ludwig nach der Geburt seines vierten Sohnes keinen dauerhaften Konsens innerhalb der Familie herstellen konnte und deshalb die Großen vor unüberbrückbare Loyalitätskonflikte stellte. Der auf seinen Tod folgende Bürgerkrieg ließ dies offen zu Tage treten.

Trotz des schwierigen Charakters war das Reich Ludwigs weiterhin regierbar, weil das Zusammenwirken von Bischöfen, Äbten und Grafen mit dem Kaiser an der Spitze eingespielt war. Unzufriedenheit mit dieser Ordnung zeigte sich nur am Rande, aber dafür umso wirkmächtiger: Im Zuge der Aufstände gegen Ludwig den Frommen entstand die Idee zu einer gigantischen Fälschungsaktion, deren Enttarnung erst im 17. Jahrhundert gelang. An die 100 Papstbriefe, vorwiegend aus den ersten drei Jahrhunderten, wurden gefälscht, um fortan der Absetzung, Anklage und Verfolgung von Bischöfen juristische und theologische Schranken zu setzen. Die «Pseudoisidor» genannte Fälschergruppe wandte sich damit gegen das Vorgehen Ludwigs des Frommen, der sowohl 831 als auch 834/35 die an den Aufständen beteiligten Bischöfe bestrafen ließ. Aufgrund der Vielfalt des Fälschungsmaterials konnten viele daraus Nutzen ziehen, und niemand äußerte offen Zweifel daran, dass bis dato unbekannte Briefe der ersten Nachfolger Petri aufgetaucht waren. Am meisten profitierten davon aber die Bischöfe, deren Unantastbarkeit auf vielfältige Weise bekräftigt wurde, und der Papst, der als letzte Instanz in allen «größeren Angelegenheiten» vorgesehen war. Insoweit wirkt die Fälschung wie eine indirekte Konsequenz aus Ludwigs Akzentuierung der kirchlichen Mitregierung.

6. Das geteilte Frankenreich

Der Ausbruch eines Bürgerkriegs nach dem Tod Ludwigs des Frommen war keineswegs vorprogrammiert. Wenn der älteste Sohn Lothar und der jüngste Sohn Karl an dem Plan ihres Vaters festgehalten und das Frankenreich unter sich aufgeteilt hätten, wäre ihnen vielleicht die Ausschaltung der anderen Kandidaten aus der Königsfamilie gelungen. Lothar gab sich jedoch mit dem ihm 839 zugedachten Reichsteil östlich der Maas nicht zufrieden. Als er nach dem Tod seines Vaters am 20. Juni 840 aus Italien ins nördliche Frankenreich zog, machte er sogleich seinen Anspruch auf kaiserlichen Vorrang geltend, wie er ihm in der *Divisio imperii* von 817 zugesichert worden war. Doch die Entscheidung Lothars für eine offensive Politik gegenüber seinen Brüdern war nicht nur Ausdruck seines eigenen Willens; seine zahlreichen Anhänger, die ihn zum Teil schon Jahre hindurch unterstützt hatten, wollten jetzt die Früchte ihrer Bemühungen ernten. Die Entscheidung über die Aufteilung des Frankenreichs wurde in erheblichem Ausmaß durch die Interessen der Bischöfe, Äbte und Grafen des Reiches mitbestimmt.

Besonders eng waren die Bindungen Lothars in das Reich östlich des Rheins. Er wandte sich deshalb zunächst gegen seinen Bruder Ludwig, der von seinem Vater auf Bayern beschränkt worden war, aber darüber hinausgehende Ansprüche auf alle Länder östlich des Rheins erhob. Bei Mainz standen sich erstmals im August 840 die Heere der Brüder gegenüber, ohne dass es jedoch zu einer Schlacht gekommen wäre. Nachdem eine Waffenruhe ausgehandelt worden war, wandte sich Lothar gegen seinen Halbbruder Karl, der sein Reich westlich der Maas in Besitz genommen hatte. Lothar drängte ihn bis zur Loire zurück und nahm in der Nähe von Orléans Verhandlungen mit ihm auf. Dort wurde ebenfalls ein Waffenstillstand geschlossen. Lothar sicherte seinem Bruder Karl nur das südwestliche Gallien zu und hielt somit an seiner Vorrangstellung fest. Doch zeichnete sich bereits bei diesen Verhandlungen ein strategisches Bündnis zwischen Karl und Ludwig ab, da Karl seinen älteren Bruder darauf verpflichtete, nicht militärisch gegen Ludwig vorzugehen. Dieses strategische Bündnis lag deshalb nahe, weil sich die Interessen der beiden nicht kreuzten: Ludwig wollte ein östliches, Karl ein westliches Teilreich.

Die erste Phase des Krieges verlief weitgehend unblutig. In der Kriegsführung des frühen Mittelalters wurden offene Feldschlachten wegen des damit verbundenen Risikos vermieden. Für die Parteien des Bürgerkriegs kam hinzu, dass innerhalb der fränkischen Führungsschicht blutige Auseinandersetzungen seit über einem Jahrhundert nicht mehr stattgefunden hatten und einhellig missbilligt wurden. Da Lothar gegenüber seinen Gegnern in der Übermacht war, reichte es für ihn, mit militärischen Drohgebärden seine Ziele durchzusetzen. Waffengewalt übte als Erster der militärisch unterlegene Ludwig («der Deutsche») aus, als er sich im Mai 841 mit den Anhängern Lothars im Nördlinger Ries eine blutige Schlacht lieferte. Als Sieger bahnte er sich den Weg in Richtung Westen und vereinigte seine Truppen mit denen seines Bruders Karl. Jetzt waren sie in der Lage, ihren Bruder zur Entscheidungsschlacht zu zwingen. Im burgundischen Fontenoy nahe Auxerre trafen die Heere am 25. Juni 841 aufeinander: Auf der einen Seite kämpften Karl und Ludwig, auf der anderen Seite Lothar und sein Neffe Pippin II., der Sohn Pippins I. Tausende Franken blieben tot auf dem Schlachtfeld, aber alle beteiligten Karolinger überlebten. Da Lothar jedoch das Feld räumen musste, konnten Karl und Ludwig den Sieg als Gottesurteil für sich reklamieren.

Der Sieg von Fontenoy gebührte im gleichen Maß den Königen wie ihren Kriegern. Die gesteigerte Rolle des Heeres manifestierte sich beim nächsten Treffen zwischen Karl und Ludwig in Straßburg. Dort leisteten die Könige im Februar 842 wechselseitige Eide der Treue und der Unterstützung und weiteten diese Eide auch auf die beteiligten Krieger aus. Karl schwor in althochdeutscher Sprache gegenüber dem Heer Ludwigs, und Ludwig in altfranzösischer Sprache gegenüber dem Heer Karls. Die berühmten Straßburger Eide belegen nicht nur die Mehrsprachigkeit der fränkischen Führungsschicht, sie unterstreichen auch die Bindung zwischen König und Heer. Als das gemeinsame Heer im März 842 den Kaiser aus Aachen vertreiben konnte, musste Lothar endgültig in Verhandlungen einwilligen. Die Reichsteilung sollte durch 40 Bevollmächtigte einer jeden Partei ausgehandelt werden, wobei Pippin II. aus dem Verfahren ausgeschlossen blieb. Die Verhandlungen dauerten fast ein ganzes Jahr und wurden im August 843 in Verdun zum Abschluss gebracht. Am Ende stand ein dreigeteiltes Reich.

Grundlage der Teilung waren die drei etablierten Unterkönigreiche Bayern, Italien und Aquitanien. Lothar amtierte bereits seit 823 als König in Italien, Ludwig war 825 als König in Bayern eingesetzt worden, und Karl hatte seinen Neffen Pippin II. aus Aquitanien verdrängt. Umstritten war dagegen die Aufteilung des fränkischen Kernlandes zwischen Seine und Rhein. Ziel war es, einerseits eine möglichst gerechte Aufteilung der königlichen Ressourcen zu erzielen. Dazu wurde eine Aufzeichnung über den in dieser Region konzentrierten Königsbesitz hergestellt, mit deren Hilfe die königlichen Residenzen aufgeteilt wurden. Andererseits sollten die Interessen der Anhängerschaft berücksich-

tigt werden, da die Magnaten ihre Besitzungen und ihre wichtigsten Standorte behalten wollten. Die Grenzen der Teilreiche waren daher hart umkämpft und folgten nur annäherungsweise den Flussläufen des Rheins und der Aare im Osten bzw. der Schelde, der Maas, der Saône und der Rhône im Westen. Karl musste seinen Anspruch auf das Gebiet zwischen Maas und Schelde fallen lassen, konnte aber für seine Anhänger ein Verschieben der Grenze um Saint-Quentin, Langres und Mâcon sichern. Ludwig gelang es, für sich einen linksrheinischen Sektor um die Bischofssitze Worms, Speyer und Mainz mit bedeutenden Residenzen abzutrotzen, obwohl der Mainzer Erzbischof ein enger Verbündeter Lothars gewesen war.

Die Grenzen des Vertrags von Verdun verdankten sich also den Verhältnissen des Augenblicks. Dass sie dennoch lange weiterwirkten und in Gestalt der westlichen Grenze für Jahrhunderte das französische Königreich vom römisch-deutschen Reich abtrennten, war im Jahr 843 alles andere als vorhersehbar. Der Vertrag brachte keineswegs politische Stabilität: Vielmehr waren weitere Teilungen bereits damals absehbar. Sowohl Lothar als auch Ludwig hatten jeweils drei Söhne, die im Vertrag von Verdun und in den folgenden Abkommen als erbberechtigt anerkannt wurden. Bereits zwölf Jahre nach Verdun sah das Gefüge des Frankenreichs wieder ganz anders aus: Nach dem Tod Lothars 855 gab es fünf Teilreiche nebeneinander. Bis in die 80er Jahre des 9. Jahrhunderts schwankte die Anzahl der Teilreiche zwischen drei und fünf, wobei sich immer wieder neue Konstellationen ergaben. Das Frankenreich wurde dadurch instabil und vor allem polyzentrisch. Die Königshöfe und Residenzen verteilten sich über das gesamte Reichsgebiet. Der Einfluss des Königtums war in den Randregionen nie so präsent wie in dieser Zeit. Andererseits veränderte sich das Machtgefälle zwischen Königtum und Aristokratie: Während die Position der führenden Magnaten am Hof durch den Bürgerkrieg gefestigt wurde, mussten sich die Könige mit den schmaleren Ressourcen kleiner Reiche zufriedengeben. Der viel beschworene Aufstieg der Aristokratie ist also die andere Seite der Medaille einer regionalisierten Königsmacht.

Die Frage nach Verlierern und Gewinnern des Vertrags von Verdun macht aus der historischen Perspektive des Jahres 843 wenig Sinn. Ludwig hatte sicher den größten Zuwachs erzielt, bedenkt man, dass er von seinem Vater auf Bayern beschränkt worden war. Für diesen Erfolg hatte er allerdings ein großes Risiko eingehen müssen, da es vor allem seiner Kriegstüchtigkeit zuzuschreiben ist, dass er zunächst im Ries seine Gegner besiegt hatte und dann seinem Bruder Karl in Burgund zu Hilfe kommen konnte. Zu berücksichtigen bleibt aber, dass im August 843 trotz der erheblichen Verluste Lothars das Prestige des Mittelreichs immer noch am meisten zählte. Lothar hatte die *sedes imperii* in seinem Reich, d. h. nicht nur die römischen Kaiserresidenzen mit Rom, Arles, Trier und Mailand, sondern auch den fränkischen Sitz mit Aachen. Darüber hinaus behielt er den Kaisertitel und damit einen symbolischen Vorrang vor seinen Brüdern und war deshalb an erster Stelle für den Schutz des Papsttums zuständig. Er musste zwar auf die Vorrechte der *Divisio imperii* von 817 endgültig verzichten, war aber in einer guten Ausgangsposition, falls der dynastische Zufall zu seinen Gunsten ausschlagen würde. Es kam jedoch ganz anders: Das Mittelreich verschwand bereits 875 von der Landkarte.

Lothar begriff sich jedoch trotz seines Verzichts weiterhin als fränkischer Kaiser innerhalb eines Gesamtreiches. Es ist nicht zu erkennen, dass er aus dem Mittelreich ein festes Gebilde hätte schaffen wollen. Bereits im Jahr 839/40 wurde der älteste Sohn Ludwig II. als Unterkönig in Italien eingesetzt. Nachdem er in seinen Anfangsjahren noch kaum selbstständig Entscheidungen hatte treffen können, trat Ludwig II. seit 845 als König durch Verleihungen von Urkunden und durch Kriegszüge gegen die «Sarazenen» in Erscheinung. Seine Position wurde durch die Kaiserkrönung in Rom von der Hand Leos IV. im Jahr 850 gestärkt. Trotz der neuen Würde beschränkte sich Ludwig II. in seinem Wirken ganz auf Italien. Seit der Eroberung durch Karl den Großen genoss Italien weitgehende Eigenständigkeit und wurde entweder durch Unterkönige, Regenten oder Königsboten regiert. Eine stärkere Verbindung mit dem nördlichen Teil des Mittelreichs wurde nicht angestrebt.

Lothar I. regierte wie sein Vater von Aachen und den anderen Residenzen an Mosel und Maas aus. Er schlug zwar 845 einen Aufstand in der Provence nieder, unternahm aber sonst keine Versuche, die heterogenen Teile von der Provence über Burgund bis nach Friesland zu vereinen. Beste Belege dafür bieten die Konzile seiner Zeit. Die Bischöfe versammelten sich nur innerhalb der Kirchenprovinzen, und nicht auf der höheren Ebene des Teilreichs wie im Ost- und Westfrankenreich. Lothars Hauptaugenmerk galt weiterhin dem Gesamtreich. Er beteiligte sich an führender Stelle an den zahlreichen Treffen der karolingischen Könige, die bereits während des Bürgerkriegs begonnen hatten und nun unter wechselnden Konstellationen fortgeführt wurden. Lothar nahm zwischen 843 und seinem Tod 855 an 16 Treffen teil. Die Beschlüsse, die auf diesen Herrschertreffen von den Königen gefasst wurden, waren aber weitgehend symbolischer Natur. Die wechselseitige Hilfe in der Abwehr der Normannen und bei der Verfolgung von Verbrecherbanden konkretisierte sich nur selten.

Die symbolische Stellung an der Spitze des dreigeteilten Frankenreichs wollte Lothar I. seinem Sohn Ludwig II. vererben. Von seinen drei Söhnen ließ er nur Ludwig an der Königsherrschaft teilhaben, während seine beiden jüngeren Söhne Lothar und Karl zunächst nicht versorgt wurden. Erst im Todesjahr übertrug er Lothar Friesland, ohne ihn jedoch zum König erheben zu lassen. Vermutlich wollte der Kaiser die Vorstellung der Primogenitur, die in der *Divisio imperii* von 817 bestimmend gewesen war, auch in seiner Nachfolgeregelung verwirklichen. Als er dann schwer erkrankte und für die letzten Tage seines Lebens als Mönch ins Eifelkloster Prüm eintrat, veränderte sich die Situation schlagartig. Auf dem Sterbebett verfügte der Kaiser angeblich eine Dreiteilung zwischen Ludwig II. (Italien), Lothar II. («Lotharingien») und Karl (Provence/Burgund). Fixiert wurde sie allerdings erst ein Jahr später bei einem Herrschertreffen in Orbe in der heutigen Westschweiz. Lothar II. musste damals seinen minderjährigen Bruder Karl auf Drängen des mächtigen Grafen Gerhard von Vienne aushändigen, der seitdem als eigentlicher Regent des neuen burgundisch-provenzalischen Teilreichs auftrat. Bei der Dreiteilung hatte daher Lothar II. ebenso seine Hand im Spiel wie die führenden Magnaten am Hof des verstorbenen Kaisers. Der älteste Sohn Ludwig II. musste seine Hoffnung auf eine Ausdehnung seines Reiches auf Gebiete nördlich der Alpen begraben und blieb auf Italien beschränkt.

Das weitere Schicksal des Mittelreichs war von einem Eheskandal überschattet, der das ganze Frankenreich für über ein Jahrzehnt in Atem hielt. In den Skandal waren zwei Päpste und vier Könige verwickelt. Begonnen hatte die Affäre mit dem Plan Lothars II., sich von seiner 855 rechtmäßig angetrauten Frau Theutberga scheiden zu lassen und seine Konkubine Waldrada zu ehelichen. Waldrada war vor der überraschenden Königs-

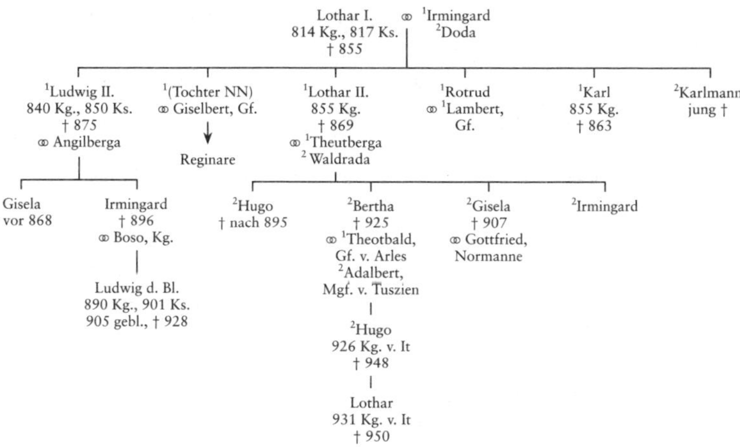

Stammtafel 4: Das Haus Lothars I. (Mittelreich, VI./VII. Generation)

erhebung im Jahr 855 seine Gefährtin gewesen. Bei den Karolingern war es nicht unüblich, vor der eigentlichen Heirat dauerhafte Beziehungen zu Frauen zu unterhalten und mit der politisch bedeutsamen Eheschließung bis zum Antritt der Regierung abzuwarten. Das voreheliche Konkubinat, das selbst Ludwig der Fromme praktiziert hatte, war vom Kirchenrecht nicht untersagt. Doch bereits zwei Jahre nach der Heirat kehrte Lothar seiner Ehefrau den Rücken und beantragte die Scheidung. Zur Begründung fuhr der König schweres Geschütz auf: Theutberga habe vor ihrer Ehe auf unnatürliche Weise Unzucht mit ihrem Bruder Hugbert getrieben, dabei ein Kind gezeugt und dieses Kind dann abgetrieben. Diese Vorwürfe waren an Gemeinheit kaum zu überbieten: Inzest, Abtreibung und unnatürlicher Geschlechtsverkehr zählten zu den abscheulichsten moralischen Verfehlungen, die man einer Frau nachsagen konnte. Die groteske Kombination der Vorwürfe erklärt sich daher, dass der König ein Bild von einer durch und durch sündigen Frau zeichnen wollte, die auf keinen Fall für eine Ehe und schon gar nicht als Königin geeignet war.

Daneben lässt sich ein zweiter Grund für die Zuspitzung der

Vorwürfe anführen. Seit dem Dynastiewechsel von 751 legitimierten sich die Karolinger durch das Bündnis mit dem Papsttum und durch die Anerkennung des päpstlichen Eherechts. Die Unauflösbarkeit der Ehe wurde seitdem (mit anerkannten Ausnahmen) im Frankenreich zur Geltung gebracht. Pippin hatte sich trotz der Prüfung durch eine über einige Jahre kinderlose Ehe nicht scheiden lassen. Karl der Große durchbrach hingegen das kirchliche Eherecht nicht nur einmal und musste dafür nach den fiktiven Visionsberichten von Jenseitsreisenden schwer büßen. Wenn Lothar also die bischöfliche Zustimmung zur Scheidung erwirken wollte, musste er gute Argumente vorbringen.

Schwieriger zu beantworten ist dagegen die Frage, warum Lothar bereits wenige Jahre nach der Eheschließung die Trennung von Theutberga erwirken wollte. Dass die Ehe kinderlos geblieben war, dürfte kaum eine Rolle gespielt haben. Die Behauptung der Unfruchtbarkeit taucht nämlich erst gegen Ende des Verfahrens auf und wird durch den Vorwurf der Abtreibung, der zunächst im Vordergrund gestanden hatte, offensichtlich widerlegt. Zudem konnte aus der Sicht der damaligen Medizin und Theologie nach einer so kurzen Ehe kaum eine endgültige Aussage über die Gebärfähigkeit einer Frau getroffen werden. Emotionale Motive waren dagegen mit Sicherheit im Spiel. Die Zeitgenossen betonen übereinstimmend den «unversöhnlichen Hass» Lothars gegen Theutberga und seine «blinde Liebe» für Waldrada. Die Ehe mit Waldrada hatte ausschließlich politische Hintergründe gehabt, da Lothar sich nach dem Tod seines Vaters ein Königtum erstreiten musste und auf mächtige Bündnispartner angewiesen war. Der Bruder Theutbergas, Hugbert, war eine solche Schlüsselfigur im Mittelreich, da er den Pass über den Großen St. Bernhard kontrollierte und daher den ältesten Sohn Ludwig II. an einer Intervention nördlich der Alpen hindern konnte. Nach der Teilung des Mittelreichs im Jahr 856 war das Bündnis jedoch nutzlos geworden, und Lothar II. wollte vermutlich den Fehler der Eheschließung wieder rückgängig machen.

So sehr die Eheschließung von 855 der aktuellen politischen Lage entsprang, so wenig hatte die Scheidung mit Realpolitik zu tun. Denn die eherechtlichen und verfahrensrechtlichen Hürden waren hoch, so dass der Fall notwendigerweise an die Öffentlichkeit kam. Zunächst brachte Lothar 858 sein Anliegen vor ein weltliches Gericht, doch ein Stellvertreter Theutbergas bestand das Gottesurteil des Kesselfangs erfolgreich: Ihm gelang es, einen Gegenstand aus einem Kessel mit kochendem Wasser zu holen, ohne dass die Verbrennung der Haut nicht heilende Verletzungen hinterließ. Damit waren die Vorwürfe entkräftet. 860 sollte das kirchliche Gericht Abhilfe schaffen: Lothar II. zwang seine Frau Theutberga zu einem skandalösen Geständnis über ihre Verbrechen, das sie schriftlich vorlegte und mündlich wiederholen musste. Die Bischöfe erklärten Theutberga für eheunfähig und ließen sie in ein Kloster abführen. Das bestandene Gottesurteil kanzelten sie ab, indem sie eine Manipulation witterten: Theutberga hätte davor heimlich gebeichtet oder während des Gottesurteils an einen anderen Bruder namens Hugbert gedacht. Zwei Jahre später feierte Lothar Hochzeit mit Waldrada, deren Rechtsfolgen durch die Krönung zur Königin bekräftigt wurden. Damit war auch der voreheliche Sohn der beiden, Hugo, als Nachfolger anerkannt.

Doch Lothar hatte zwei Faktoren unterschätzt. Erstens war das Frankenreich nach 840 polyzentrisch organisiert, so dass der König nur auf die Bischöfe seines eigenen Teilreichs Druck ausüben konnte. Der bedeutendste Jurist seiner Zeit, Erzbischof Hinkmar von Reims aus dem westfränkischen Teilreich, hegte jedoch schwere Bedenken gegen das durchgeführte Scheidungsverfahren, die er noch im Jahr 860 in einer langen Streitschrift publik machte. Er wollte zwar die Möglichkeit einer Scheidung nicht bestreiten, doch verlangte er dafür die Einberufung eines gesamtfränkischen Konzils. Als dann kurze Zeit später Theutberga ins westfränkische Reich floh und ihr Geständnis widerrief, machte sich der dortige König Karl «der Kahle» zum Anwalt der Verfolgten und nutzte dafür die juristische Gelehrsamkeit seines Erzbischofs. Theutberga appellierte zudem an den Papst in Rom und brachte somit einen zweiten Faktor ins Spiel, der nach den 840er Jahren immer mehr politisches Gewicht gewann. Für Papst Nikolaus I. handelte es sich um einen jener Fälle «größeren Gewichts», die nicht ohne die Konsultation des apostolischen Stuhls entschieden werden konnten. Er fühlte sich von den Bischöfen Lothars wiederholt hintergangen, so dass er im Jahr 863 mit einer beispiellosen Aktion reagierte: Er setzte die Erzbischöfe von Trier und Köln, die sich für Lothar stark gemacht hatten und deswegen nach Rom gekommen waren, kurzerhand ab – ohne ihnen eine Audienz zu gewähren. Dadurch unter Druck gesetzt, war Lothar zum Nachgeben gezwungen und nahm – freilich nur zum Schein – Theutberga wieder auf.

Nach dem Tod Nikolaus' I. witterte Lothar indes erneut eine Chance im Ehestreit. Der neue Papst Hadrian II. empfing den König in der Benediktiner-Abtei Montecassino und hielt eine Messe für ihn, dem doch früher wiederholt mit der Exkommunikation gedroht worden war. Nach einem erneuten Treffen in Rom stellte der Papst die Einberufung eines Konzils in Aussicht, auf dem abermals über die Ehe Lothars beraten werden sollte. Doch auf der Heimreise von Italien verstarb der König überraschend am 8. August 869 in Piacenza. Damit war in den Augen seiner Zeitgenossen ein endgültiges Urteil über Lothar gesprochen: Seinen Ehebruch musste er mit dem vorzeitigen Tod büßen.

Mit dem unrühmlichen Tod Lothars war das Schicksal seines Teilreichs besiegelt. Der uneheliche Sohn Hugo wurde nicht als Nachfolger anerkannt. Von den beiden Brüdern war der eine (Karl von der Provence) bereits 863 gestorben; dem anderen (Kaiser Ludwig II.) wurde der Eintritt in das Reich seines Bruders verwehrt. Die Könige im West- und im Ostfrankenreich hatten schon in geheimen Vereinbarungen das Reich unter sich aufgeteilt. Als dann zum Zeitpunkt des Todes Lothars II. der ostfränkische König Ludwig krank in Regensburg daniederlag, packte der westfränkische Karl der Kahle die Gelegenheit beim Schopf und nahm das gesamte Mittelreich in Besitz. Trotz einer feierlichen Krönung in Metz am 9. September 869 gelang es Karl aber nicht, eine Teilung zu verhindern. Der wieder genesene Ludwig erreichte durch militärischen Druck und geschicktes Taktieren eine Teilung des Mittelreichs, die bei einem Herrschertreffen in Meerssen an der Maas im August 870 beschlossen wurde. Wie bereits beim Vertrag von Verdun wurde kaum auf etablierte geographische oder kulturelle Grenzen Rücksicht genommen, da die gerechte Verteilung der Ressourcen und Einkünfte im Vordergrund stand. Ludwig erhielt die beiden Erzbistümer im Norden (Trier und Köln), vier Bistümer, 39 Klöster und 29 Grafschaften; Karl bekam die Erzbistümer im Süden (Lyon, Vienne, Besançon) sowie sechs Bistümer, 33 Abteien und 30 Grafschaften.

Der Ausschluss des Neffen im Jahr 870 kam kaum unerwartet. Ludwig II. hatte sich seit seiner Erhebung zum König von Italien (839/40) und seit seiner Kaiserkrönung (850) ausschließlich auf sein Reich südlich der Alpen konzentriert. Die herrscherliche Präsenz in Italien wurde seit der Mitte des 9. Jahrhunderts deshalb unerlässlich, weil sich die Muslime 827 auf Sizilien festgesetzt hatten und von dort die italienische Küste bedrohten. 846 plünderten sie die außerhalb der römischen Stadtmauern gelegenen Kirchen St. Peter und St. Paul vor den Mauern. Ludwig beteiligte sich damals und auch später wiederholt daran, die arabischen Plünderer zurückzuschlagen. Er ging ein Bündnis mit dem byzantinischen Kaiser ein, um die durch einen muslimischen Emir verwaltete Stadt Bari in Apulien einzunehmen. Die Eroberung Baris im Jahr 871 war sein größter Triumph.

Trotz einiger Erfolge scheiterte Ludwig aber wie viele andere Herrscher nach dem Zerfall des römischen Reiches bei dem Versuch, eine Oberhoheit in ganz Italien durchzusetzen. Im Süden ordneten sich die beiden langobardischen Fürstentümer von Benevent und Salerno nur sporadisch unter. Die Araber konnten erst im 11. Jahrhundert durch die Normannen endgültig aus Italien vertrieben werden, während der byzantinische Kaiser an seinen Besitzungen in Kalabrien und Apulien zäh festhielt. Überschattet wurden die letzten Jahre Ludwigs II. durch die ungelöste Nachfolgefrage. Ludwig hatte zwei Töchter, aber keinen Sohn. Seit 868 fanden daher Gespräche zwischen dem ost- und dem westfränkischen König über die Nachfolge in Italien statt. Da seit 800 der Papst eine wesentliche Rolle bei der Verleihung des Kaisertums spielte, war die Frage der Nachfolge Ludwigs nicht nur eine innerdynastische Angelegenheit. Es war dann auch Papst Johannes VIII., der die Entscheidung traf, indem er den westfränkischen König Karl den Kahlen am Weihnachtstag 875 in St. Peter zum Kaiser krönte.

Das Mittelreich war damit im Jahr 875 erloschen. Die anderen beiden Teilreiche, die aus dem Vertrag von Verdun hervorgegangen waren, erfreuten sich viel längerer Dauer. Die Könige Karl der Kahle und Ludwig der Deutsche gelten als Gründerfiguren für Frankreich und Deutschland, da sie über mehrere Jahrzehnte hinweg genau in den Räumen Herrschaft ausübten, die später Kernländer des jeweiligen Nachfolgereiches werden sollten. Sie schufen eine politische Gemeinschaft, welche die krisenhaften Momente in der Zeit um 900 überstand. Die Absicht der beiden Könige war dies indes nicht. Beide Könige standen noch im langen Schatten ihres Großvaters Karl des Großen. Sie nahmen daher die Grenzen von Verdun nicht als gegeben hin und wollten ihren Aktionsradius keineswegs auf ihre Teilreiche beschränken. Vielmehr strebten sie danach, innerhalb der karolingischen Dynastie eine Vorrangstellung einzunehmen und ihre Reiche zu erweitern. Zu nationalen Gründerfiguren wurden sie gegen ihren Willen.

Karl der Kahle hatte zweifelsohne die schlechteste Ausgangslage, als er 843 die Herrschaft in seinem westlichen Teilreich antrat. Er war nicht nur bedeutend jünger als seine beiden Brüder (gerade einmal 20 Jahre); er hatte auch erst seit 838 als Unterkönig amtiert und konnte sich daher nicht in gleichem Maße auf eine feste Gruppe loyaler Parteigänger stützen. Sein Territorium bildete ebenso wenig eine Einheit wie das Mittelreich und das Ostfrankenreich, sondern bestand aus Regionen mit ganz unterschiedlichen Traditionen: dem gotischen Septimanien und der gotischen spanischen Mark, dem römischen Aquitanien, der keltischen Bretagne, Burgund, Neustrien und der Königslandschaft zwischen Seine und der Ostgrenze. Zu allem Überfluss musste er sein Reich auch erst noch erobern. Denn Pippin II., der Sohn seines verstorbenen Bruders mit gleichem Namen, war vom Vertrag von Verdun ausgeschlossen worden und machte Karl die Regierung in Aquitanien streitig. Der Versuch einer Unterwerfung scheiterte zunächst kläglich. 844 fügte Pippin II. den Truppen Karls eine schwere Niederlage bei Angoulême zu, bei der einige bedeutende Parteigänger fielen und andere gefangen genommen wurden. Karl musste folglich Pippin nach der Leistung eines Treueides die Herrschaft in Aquitanien zugestehen. Erst als sich Karl als Verteidiger von Bordeaux gegen die Normannen profilieren konnte, ließ er sich selbst zum König von Aquitanien erheben (848). Pippin entkam aber zunächst der Festnahme und blieb ein Stachel im Fleisch des Königs. Erst 864 wurde er als Landesverräter verurteilt und ins königliche Verlies von Senlis eingesperrt.

Ein ähnlich unangenehmer Gegner in den Anfangsjahren waren die Bretonen im äußersten Nordwesten. Sie zählten zwar nominell zum Frankenreich, waren aber durch ihre unterschiedliche Sprache, Kultur und kirchliche Organisation sowie durch die herzogliche Verwaltung weitgehend autonom. Der erste Feldzug Karls des Kahlen richtete sich 843 gegen sie, doch wissen wir nichts über dessen Ausgang. 845 folgte eine empfindliche Niederlage. In den nächsten Jahren nutzten die Bretonen die Schwächung des Königtums, um im Bündnis mit lokalen fränkischen Amtsträgern ihren Einfluss in Richtung Osten auszuweiten. Ein besonderes Anliegen war ihnen dabei die Abtrennung der Kirchenorganisation durch die Errichtung eines Erzbistums, die 848 gelang. Wenig später nahm Herzog Nominoë den Königstitel an. Fortan blieb Karl nichts anderes übrig, als die Bretonen als unabhängigen Machtfaktor im Nordwesten seines Reiches anzuerkennen.

Die größten Probleme bereiteten Karl dem Kahlen jedoch die «Nordmänner». Vorwiegend aus Dänemark kommend, nutzten sie den Bürgerkrieg in Karls Reich für erste Einfälle an der Nord- und Westküste Galliens. Nachdem die Schwäche von Karls Königtum offenbar geworden war, intensivierten sie ihre Plünderungszüge im Westfrankenreich. Entlang der Flüsse Seine, Loire und Garonne drangen sie mit ihren Schiffen weit ins Landesinnere ein und erreichten 844 Toulouse und 845 Paris. Ihr größter strategischer Vorteil war das Überraschungsmoment: Ihre Schiffe waren am Meer und auf den Flüssen seetauglich und tauchten unerwartet vor reichen Kirchen, Klöstern und Städten auf, ohne dass eine effektive Verteidigung organisiert werden konnte. Seit 852 verschärfte sich die Bedrohung, da die Normannen an den Flussmündungen dauerhafte Siedlungen errichteten, dort den Winter verbrachten und mit Pferden auch das Binnenland überfielen. Erst ab 863 griffen die Abwehrmaßnahmen Karls des Kahlen, so dass sich die Normannen zum Teil nach England wandten, bis sie 878 wieder in bislang ungekannter Stärke zum Festland zurückkehrten. Dies musste der 877 verstorbene König allerdings nicht mehr miterleben.

Angesichts dieser existentiellen Gefährdung ist es erstaunlich, dass Karl der Kahle dennoch sein Königtum behaupten konnte. Für seinen Erfolg sind nicht zuletzt sein pragmatisches Eingehen auf die Wünsche seiner Anhänger und sein Aufgreifen der Instrumente königlicher Herrschaft aus der Zeit Karls des Großen und Ludwigs des Frommen verantwortlich. Bereits wenige Monate nach der Teilung von Verdun schloss er mit seinen Anhängern im Ort Coulaines einen Vertrag. Darin wurden die Stellung und der Rang von Kirche, König und Getreuen (*fideles*) wechselseitig anerkannt. Gegenüber den Getreuen bekannte er sich zum Prinzip der Gesetzesherrschaft: Niemand durfte ohne Anklage verurteilt werden, jeder sollte seinen Rechtsstand gewahrt wissen. Damit knüpfte Karl an die Ideen der Rechtsreform Karls des Großen an. Er bekannte sich ebenfalls zum geistigen Erbe seines Vaters Ludwig, indem er sich bei Fehlverhalten der Ermahnung (*admonitio*) seiner Getreuen stellte – und zwar «wie es der königlichen Hoheit dienlich und für die Angelegenheiten der Untertanen vorteilhaft ist».

Diese Grundsätze wurden so oder ähnlich von Karl und seinen Bischöfen mehrfach wiederholt und lagen dem Krönungseid zugrunde, den die Nachfolger Karls bei ihren Erhebungen leisteten. Es wäre daher verfehlt, den Vertrag von Coulaines einseitig als dramatischen Abstieg der Monarchie zu qualifizieren. Die Stellung Karls war sicher zu Beginn seiner Regierung nicht überragend, doch die Grundsätze von Coulaines waren nicht neu. Obwohl die Aufforderung zur Ermahnung bald wieder aus den Dokumenten verschwand, blieb die Garantie des Rechts ein wichtiger Eckpunkt seiner Gesetzgebung. Denn der König konnte damit auch seinerseits alle Getreuen an das Recht bin-

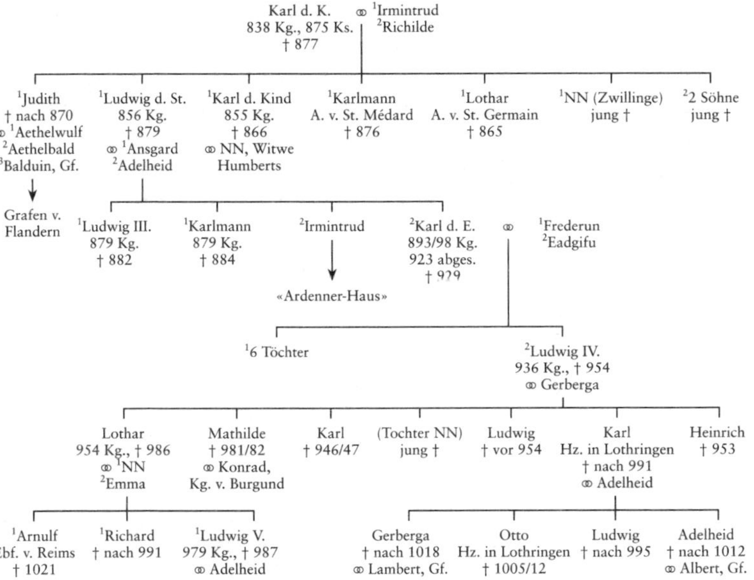

Stammtafel 5: Das Haus Karls des Kahlen
(Westfranken, VI.–XI. Generation)

den, das er selbst verkündete. Karl der Kahle war der einzige Sohn Ludwigs des Frommen, der die Tradition der Herrschererlasse (Kapitularien) aufgriff und regelmäßig auf Reichsversammlungen neue Gesetze publizierte.

Ein beeindruckendes Beispiel für Karls gesetzgeberische Tätigkeit ist das Edikt von Pîtres aus dem Jahr 864. «Gemeinsam mit dem Rat und Konsens der Getreuen» erließ Karl 37 Kapitel, die sich eng an die Erlasse seines Vaters und Großvaters anschlossen, besonders aber die effektive Abwehr der Normannen organisieren sollten. Er ordnete den Bau von Befestigungen an der Seine an, schärfte den Kriegsdienst für die Einwohner der Grafschaften ein und erneuerte die Fuhr-, Last- und Pferdedienste der freien und unfreien Bevölkerung. Diese Maßnahmen waren durchaus erfolgreich, wie die Abnahme der Bedrohung durch die Normannen seit den 860er Jahren deutlich macht. Auch das königliche Münzmonopol war für Karl in Pîtres ein vordringliches Anliegen, weil er des Normannenproblems nicht nur mit militärischen Mitteln Herr wurde, sondern den Abzug mit Tributzahlungen erkaufen musste. Im Jahr 866 zahlte er 4000 Pfund Silber an die Normannen und verlangte dafür von jeder Bauernstelle seines Reiches die einmalige Steuer von sieben Silberpfennigen (à 1,7 g), von den Kaufleuten den zehnten Teil ihrer Waren, von der Kirche und von den Großen des Reiches einen nach ihrem Grundbesitz bemessenen Anteil. Voraussetzung für die Steuereintreibung war eine funktionierende königliche Währung.

Neben den Tributzahlungen war auch die Christianisierung ein Mittel, um Teile der Normannen einzubinden und zur Verteidigung gegen andere normannische Verbände zu rekrutieren. Dabei spielten naturgemäß die Bischöfe aus Karls Reich eine tragende Rolle. Karl stützte sich mehr noch als sein Vater Ludwig der Fromme auf die Mitregierung der kirchlichen Institutionen. So nutzte er weitaus häufiger als seine Vorfahren die Bischofssitze und großen Abteien als Residenzen für sich und seinen Hof. Das wirtschaftliche und militärische Potential der großen Abteien integrierte er in die Reichsverwaltung, indem er Grafen als Verwalter (sogenannte Laienäbte) einsetzte. In seinen letzten Jahren war Karl selbst Laienabt von Saint-Denis. Die Bischöfe vergalten dem König die Förderung durch eine fast ungebrochene Loyalität. Als Ludwig der Deutsche 858 in Karls Reich einfiel und sich in Orléans von aquitanischen, neustrischen und bretonischen Großen als König huldigen ließ, leisteten die Bischöfe um Hinkmar von Reims erbitterten Widerstand. Sie denunzierten den Einfall des Bruders als Verstoß gegen «alle göttlichen und weltlichen Gesetze» und bereiteten so den Weg für Karls Rückgewinnung des Königtums im Januar 859.

Die beständige Loyalität der Bischöfe ließen hingegen die Söhne Karls schmerzlich vermissen. Daran freilich hatte der König selbst eine nicht geringe Mitverantwortung. Denn Karl verfügte über das Schicksal seiner Söhne ganz nach eigenem Ermessen. Als erster Karolinger bestimmte er seinen dritten Sohn Karlmann zum Geistlichen, um die Anzahl der Thronfolger zu verringern. Die Tonsur wurde bislang nur als Strafe angewandt, war aber nicht als alternativer Lebensweg vorgesehen. So verwundert es nicht, dass Karlmann, sobald er sich durch Todesfälle und die Erweiterung des Königreichs Hoffnung auf ein Unterkönigreich machen konnte, gegen diese Entscheidung rebellierte. 873 wurde er auf Befehl des Vaters geblendet und in ein Kloster eingewiesen. Aber auch die beiden Thronfolger Ludwig und Karl erhoben sich gegen ihren Vater, weil sie nicht im selben Ausmaß mit Ressourcen ausgestattet wurden wie die wichtigen gräflichen Amtsträger und Heerführer. Die Anerkennung eines Unterkönigtums wurde im westfränkischen Teilreich dadurch erschwert, dass die Königssöhne zu Rivalen der Laienaristokraten geworden waren.

Die letzten Jahre Karls waren von unwahrscheinlichen Erfolgen gekrönt. 870 fiel ihm das westliche Mittelreich zu, 875 die Provence, Italien und das Kaisertum. Trotz dieser imperialen Ziele liegt seine historische Leistung mehr in der Festigung der zuvor unverbundenen Regionen nördlich und südlich der Loire. Das fränkische Königtum hat er dort dauerhaft verankert – nicht zuletzt durch die Schaffung neuer und wirkmächtiger Traditionen der Selbstdarstellung: Der Krönungseid, die Liturgie der Königserhebung und die Legende vom himmlischen Salböl des Königs wurden in seiner Zeit festgeschrieben.

In Hinblick auf Ludwig «den Deutschen», den dritten König des Vertrags von Verdun, darf der Beiname nicht in die Irre führen. Dieser wurde erst im 18. Jahrhundert geprägt und spiegelt nicht das Selbstverständnis Ludwigs als König des Frankenreichs wider. In seinen Urkunden nannte er sich ohne ethnische Begrenzung nur «König von Gottes Gnaden». Die Region entlang des Mains, in der sich die Einwohner als «Franken» bezeichneten, machte nur einen Teil seines Reiches aus. Daneben regierte er über Alemannen, Bayern, Sachsen und Thüringer, die je ein eigenes Recht besaßen. Am häufigsten hielt sich Ludwig in Frankfurt auf, einem strategisch und logistisch günstig gelegenen Ort, an dem die meisten Reichsversammlungen abgehalten wurden. Daneben blieb Regensburg, wo sich Ludwig seit seiner Erhebung zum Unterkönig in Bayern niedergelassen hatte, ein wichtiger Aufenthaltsort. Das ganze Reich bereiste Ludwig hingegen nur in seltenen Fällen wie im Jahr 852, als er den Norden seines Reiches aufsuchte.

Im Gegensatz zum Westfrankenreich mit der Königslandschaft zwischen Paris und Reims gab es im Osten mit Regensburg und Frankfurt somit zwei Herrschaftszentren. Auch hinsichtlich der politischen Instrumente des Königtums unterschied sich das Ostfrankenreich, das einen Raum ohne Kontinuität zur kulturellen und zivilisatorischen Hinterlassenschaft der Antike umfasste. Die Tradition der Gesetzgebung wurde von Ludwig dem Deutschen nicht mehr aufgegriffen. Auch wurden viel weniger Urkunden ausgestellt: Während von Karl dem Kahlen etwa zwölf Urkunden pro Jahr ausgefertigt wurden, brachte es Ludwig nur auf durchschnittlich vier. Die Schriftlichkeit in seinem Teilreich war weit mehr als bei Karl eine Domäne des Klerus. Der König war diesbezüglich auf die Mitwirkung der Bischöfe angewiesen. Besonders der Erzbischof von Mainz, dessen Kirchenprovinz sich von Alemannien bis nach Sachsen und Thüringen erstreckte, wurde zu einer führenden politischen Persönlichkeit im Reich Ludwigs des Deutschen. Folglich war in seinem Herrschaftsraum die Einsetzung der Bischöfe – wie auch sonst im Frankenreich – ohne Zustimmung des Königs undenkbar.

Im Vergleich zur Loyalität der Bischöfe war die Haltung der Söhne des Königs auch im Ostfrankenreich eine Enttäuschung. Ludwig hatte mit wiederholten Aufständen seiner Söhne zu kämpfen, obwohl er nicht wie seine Brüder Karl der Kahle und Lothar I. zu einer primogenitur-ähnlichen Regelung tendierte. Seine drei Söhne Karlmann, Ludwig und Karl waren von Beginn an gleichberechtigt und wurden mit Kommandos bei Heereszügen gegen die slawischen Völker im Osten betraut. Nach mehreren Aufständen des ältesten Sohnes legte Ludwig 865 eine Dreiteilung fest, worin Karlmann zur Nachfolge in Bayern, Ludwig der Jüngere zur Nachfolge in Sachsen, Thüringen und Franken, Karl zur Nachfolge in Alemannien designiert wurde. Der König behielt sich aber die Verfügung über alle wichtigen Amtsträger wie Bischöfe, Grafen, Äbte und große Vasallen vor. Den Aufständen wurde dadurch aber kein Einhalt geboten. Ludwig der

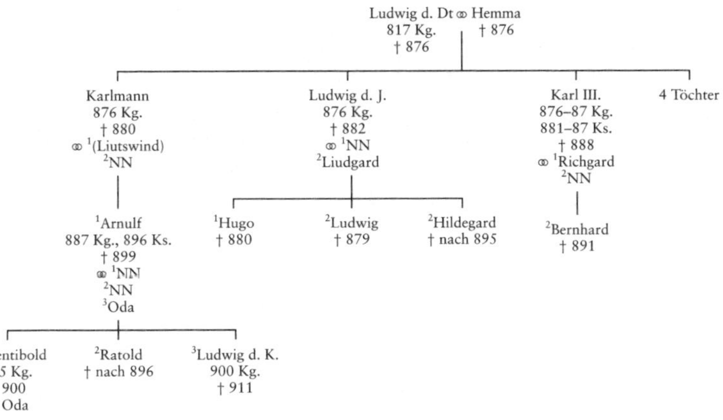

Stammtafel 6: Das Haus Ludwigs des Deutschen (Ostfranken, VI.–IX. Generation)

Jüngere rebellierte allein zwischen 865 und 874 vier Mal. Nicht zuletzt die Aussicht auf Vergrößerung des Anteils im untergehenden Mittelreich heizte die Konkurrenz der Brüder weiter an.

Trotz dieser Schwierigkeiten wurde die Regelung von 865 tatsächlich nach dem Tod Ludwigs des Deutschen am 28. August 876 verwirklicht. Dazu kam es jedoch nur, weil der westfränkische Einfall Karls des Kahlen am 8. Oktober desselben Jahres bei Andernach durch Ludwig den Jüngeren zurückgeschlagen werden konnte. Das Frankenreich war folglich viergeteilt. Als auch Karl der Kahle im folgenden Jahr starb, war der Generationenwechsel vollzogen. Die nächste Generation von Königen agierte weniger erfolgreich und vor allem bedeutend kürzer. Innerhalb weniger Jahre (879–884) starben fünf Könige (Ludwig der Stammler, Karlmann von Bayern, Ludwig der Jüngere, Ludwig III., Karlmann von Westfranken) – auf zum Teil tragische Weise. Der ostfränkische Königssohn Ludwig fiel aus dem Fenster der Regensburger Residenz (879), der westfränkische König Ludwig III. verunglückte bei einem Reitunfall (882), und sein Bruder Karlmann starb an den Folgen einer Jagdverletzung (884). Die schnelle Abfolge von Königen und Teilungen wirkte vor allem auf das westfränkische Reich destabilisierend. Zum einen ließ sich Boso, Schwager und einst engster Vertrauter Karls des Kahlen, im Jahr 879 zum König erheben. Sein Versuch, ein eigenes Königreich in der Provence, Burgund und den Westalpen zu errichten, scheiterte aber am vereinten Widerstand der verbliebenen Karolinger. Zum anderen wandten sich die Normannen mit ihrem großen Heer von etwa 6000 bis 8000 Kriegern aus England dem Festland zu, in der Absicht die Schwäche des Königtums militärisch auszunutzen. Dieses Mal weiteten sie ihren Aktionsradius nach Osten aus und plünderten auch entlang des Rheins und der Mosel. In Aachen machten sie 881 die Marienkirche Karls des Großen zum Pferdestall.

Nach dem Tod seiner Verwandten fielen Karl III., dem jüngsten Sohn Ludwigs des Deutschen, alle Teilreiche in den Schoß. Seit Jahresanfang 885 unterstand ihm das gesamte Frankenreich in den von Karl dem Großen geschaffenen Grenzen. Karl, der viel später den wenig schmeichelhaften Beinamen «der Dicke» erhielt, war alles andere als ein träger oder untätiger König. Seitdem er 880 zum König von Italien erhoben worden war, überquerte er insgesamt zwölf Mal die Alpen. 881 zum Kaiser gekrönt, hielt er sich die Hälfte seiner Regierungszeit in Italien auf und erreichte weitgehende Akzeptanz, wie seine 882 erlassenen Konstitutionen von Ravenna bezeugen. Dem Wunsch Papst Johannes' VIII., in Mittelitalien gegen die Feinde des apostolischen Stuhls vorzugehen, kam er jedoch nicht nach.

Der Prüfstein für die Beurteilung Karls III. ist seine Normannenpolitik. Bereits 882 zog er von Italien aus gegen die in Asselt an der Maas verschanzten Normannen. Karls Heer war beeindruckend und erinnerte an die Zeiten des vereinten Großreichs: Es bestand aus Franken, Alemannen, Thüringern, Friesen und Langobarden. Trotz der zahlenmäßigen Überlegenheit entschloss sich Karl jedoch zu Friedensverhandlungen, nachdem offenbar eine Seuche im Lager der Angreifer ausgebrochen war. Ein Teil der Normannen zog mit Tributen versorgt ab, ein anderer Teil wurde getauft und mit dem Schutz von Friesland betraut. Wenige Jahre später wiederholte sich derselbe Vorgang. Ein Jahr lang war Paris von den Normannen belagert worden, als Karl 886 mit einem Entsatzheer aus Italien eintraf. Auch dieses Mal einigte er sich auf eine Tributzahlung an die Normannen und erlaubte ihnen, Winterquartiere innerhalb des Reiches in Burgund aufzuschlagen. In den Augen der Zeitgenossen war dieses Entgegenkommen kein Ruhmesblatt.

Trotz der negativen Bilanz in der Konfrontation mit den Normannen, die erst von seinen Nachfolgern dauerhaft zurückgedrängt werden konnten, beeindruckt die außerordentliche Aktivität des Kaisers. In seiner Regierungszeit blieb das Frankenreich in den bestehenden Grenzen erhalten. Dennoch gibt es erhebliche Unterschiede zu den Zeiten Karls des Großen und Ludwigs des Frommen: Karl III. unternahm keine Versuche, die seit dem Vertrag von Verdun etablierten Teilreiche zu überwinden und gesamtfränkische Institutionen wiederzubeleben. So fanden Reichsversammlungen nur auf der Ebene der Teilreiche statt, und Konzile wurden von Karl überhaupt nicht einberufen. Die Gesetzgebung kam ebenso zum Erliegen wie die für Karl den Großen und Ludwig den Frommen charakteristischen Reformansätze. Vereinigt wurden die Teilreiche folglich nur oberflächlich. Die Folgen der jeweils drei Jahrzehnte währenden Herrschaften Karls des Kahlen im Westen, Ludwigs des Deutschen im Osten und Ludwigs II. in Italien konnten in den drei Jahren der Alleinherrschaft Karls des Dicken nicht mehr rückgängig gemacht werden. Die Teilung erwies sich als stärker. Nach dem Tod Karls III. am 13. Januar 888 wurde sie erneut Wirklichkeit.

7. Ende ohne Untergang

Das Ende der Karolinger ist zeitlich exakt zu bestimmen: In Italien endete die Herrschaft der Dynastie mit Kaiser Arnulf (899), im Ostfrankenreich mit Ludwig «dem Kind» (911) und im Westfrankenreich erst mit dem Tod Ludwigs V. (987). Die ältere Nationalgeschichte, die sich an der Abfolge der Herrscherdynastien orientierte, ließ daher die karolingische Epoche sehr unterschiedlich enden: die deutsche Geschichtsschreibung 911 (oder 919), die französische erst 70 Jahre später. Gibt man die nationale Perspektive auf, liegen andere Epochenjahre näher. Es steht nämlich außer Frage, dass das von Pippin und Karl dem Großen errichtete Großreich zu dieser Zeit schon lange nicht mehr Bestand hatte. Wenn man daher das «Karlsreich» oder «Karolingerreich» in den Blick nimmt, bietet sich das Jahr 888 als «Wendepunkt der europäischen Geschichte» (Theodor Schieffer) an. Damals endete die Herrschaft Karls III., der als letzter Karolinger das gesamte Frankenreich in seiner Hand vereinigt hatte. Seitdem wagte kein König mehr den Versuch, seine Herrschaft auf alle Nachfolgereiche auszudehnen. Das Scheitern Karls III. war offenbar eine Warnung für seine Nachfolger.

Das Jahr 888 zum Datum des «politischen Todes des Karolingerreiches» (Simon MacLean) zu stilisieren hat jedoch – wie jede Epocheneinteilung – auch eine problematische Seite. Zunächst bleibt festzuhalten, dass es ein «Karolingerreich» nicht gegeben hat. Der Wandel zu einem christlichen Kaiserreich, der seit den 790er Jahren eingesetzt hatte und besonders von Ludwig dem Frommen vorangetrieben worden war, blieb immer unvollständig. Das politische Gemeinwesen wurde weiterhin als «Frankenreich» bezeichnet und beruhte auf der fränkischen Identität der Führungsschicht. Für die Dynastie gab es noch immer keinen eigenen Namen. Im Westen wurde aus dem Reich der Franken das Königreich Frankreich, und im Osten bediente man sich der Bezeichnung *regnum Francorum* noch im frühen 11. Jahrhundert. Die überwölbende Gemeinschaft der Nachfolgereiche dauerte weit über das Jahr 888 hinaus an. Herrschertreffen, wie sie 840 eingesetzt hatten, fanden noch bis ins 11. Jahrhundert regelmäßig statt. Das Königreich Italien rekrutierte seine Könige nach 888 zunächst aus dem ehemaligen Mittelreich (Burgund, Provence) und seit Otto I. aus dem ostfränkischen Reich. Das nördliche Mittelreich, Lotharingien, war bis weit ins 10. Jahrhundert hinein ein Zankapfel zwischen West und Ost. Dass das römisch-deutsche Reich schließlich neben Lotharingien auch Burgund, die Provence und das nördliche Italien eingliederte, ist nur vor dem Hintergrund der weiterwirkenden Gemeinschaft des Frankenreichs verständlich.

Aber nicht nur diese Kontinuitäten über das Jahr 888 hinweg lassen dessen Bewertung als Epochenjahr fraglich erscheinen. Denn ausschlaggebend für die dauerhafte Teilung war nicht das Scheitern der fragilen Vereinigung in den knapp drei Jahren Karls III. Entscheidend waren vielmehr der Vertrag von Verdun sowie die langwährende Regierungszeit der drei Könige Ludwig der Deutsche, Karl der Kahle und Ludwig II. In mehr als 30 Jahren verfestigten sich neue politische Gemeinschaften mit eigenständigen Traditionen und personellen Netzwerken, die in den wenigen Jahren Karls III. nicht mehr aufgebrochen werden konnten. Das Jahr 888 steht daher in dieser Hinsicht im Schatten des Jahres 843. Das Ende Karls III. besiegelte lediglich eine unumkehrbare Entwicklung.

Was dagegen im Jahr 888 tatsächlich zu Ende ging, war das «Monopol der Karolinger auf das Königtum» (Stuart Airlie). Seit 751 hatten ausschließlich Mitglieder dieser Familie das Königtum inne. Widerstand gegen einzelne Vertreter der Dynastie wurde stets im Namen anderer karolingischer Könige geleistet. Den einzigen Usurpator, Boso von Vienne, kämpften die Karolinger 880 in einer gemeinsamen Aktion mühelos nieder. 888 wurde dagegen gleich eine ganze Reihe nicht-karolingischer Könige erhoben – und dies ohne Widerstand des letzten verbliebenen Karolingers. Diese Veränderung rechtfertigt vielleicht keine Bewertung als Epochenjahr, sie hatte aber für die Geschichte der Zeit um 900 erhebliche Konsequenzen. Der Aufstieg von Aristokraten zum Königtum bewirkte in allen Teilreichen eine verschärfte Krise königlicher Autorität. Die Jahre um 900 erscheinen damit als Gegenpol zur Zeit Karls des Großen und sollen den Endpunkt dieser Darstellung bilden.

Der maßgebliche Grund für den Verlust des dynastischen Monopols der Karolinger war die rasche Abfolge von Todesfällen in den Jahren von 879 bis 884. Karl III. erbte die Teilreiche und tat sein Bestes, überall Präsenz zu zeigen und das Reich zu verteidigen. Ein Problem konnte er jedenfalls nicht einmal im Ansatz lösen: das der Kinderlosigkeit seiner Ehe. Alle Versuche, dynastische Sicherheit herzustellen, scheiterten – manchmal tragisch, manchmal kläglich. Als Karl seinen unehelichen Sohn Bernhard durch Papst Hadrian III. legitimieren lassen wollte, starb Hadrian auf der Reise ins Frankenreich. Nach diesem schlechten Omen ließ er den Plan fallen. Als Nächstes klagte er seine Frau des Ehebruchs mit seinem führenden Berater, Bischof Liutward von Vercelli, an und behauptete, während ihrer über 20 Jahre währenden Ehe niemals Geschlechtsverkehr mit ihr gehabt zu haben. Mit diesem erstaunlichen Eingeständnis wollte er sich von den Bischöfen die Auflösung der Ehe erstreiten. Die Kaiserin hielt mit der beeideten Erklärung dagegen, eine vollkommen unberührte Jungfrau zu sein, und erwirkte dadurch die Erlaubnis zum Eintritt ins Kloster. Dieser letzte bizarre Versuch, der dynastischen Sackgasse zu entkommen, scheiterte, weil Karl III. kurze Zeit später «an Geist und Körper» schwer erkrankte. Diese doppelte Notlage nutzte ein anderer Karolinger zum Aufstand, der von Karl III. bislang konsequent vom Hof ferngehalten worden war: Arnulf, der illegitime Sohn seines Bruders Karlmann.

Arnulf war wegen seiner zweifelhaften Abkunft bei der Thronfolge immer übergangen worden und hatte sich mit einer Herrschaft über den Grenzbezirk Kärnten zufriedengeben müssen. Im November 887 sah er seine Zeit gekommen. Er zog mit in Bayern zusammengezogenen Truppen heran, um das Königtum an sich zu reißen. Die noch von Karl einberufene Reichsversammlung wurde umgehend zu einer Königserhebung umfunktioniert. Der abgesetzte Kaiser musste sich auf den Königshof Neudingen an der Donau zurückziehen, wo er am 13. Januar 888 starb. Was dann passierte, beschreibt der zeitgenössische Chronist Regino von Prüm folgendermaßen: «Nach Karls Tod lösten sich die Reiche, die seinem Gebote gehorcht hatten, da sie eines rechtmäßigen Erben entbehrten, aus ihrem Gesamtgefüge in Einzelteile auf und warteten nicht mehr auf ihren natürlichen Herrn, sondern ein jeder ging daran, aus seinem Innern sich einen König zu wählen.» Das Frankenreich zerbrach.

Einen Anhänger Arnulfs wie Regino mag es aus der Rückschau enttäuscht haben, dass die Teilreiche nicht auf den «natürlichen Herrn», den Karolinger Arnulf, gewartet hatten. Abwarten hätte aber zum damaligen Zeitpunkt wenig Sinn gehabt, denn Arnulf zog nach seiner Erhebung in Frankfurt nicht etwa nach Aachen, sondern nach Regensburg, in den äußersten Osten des Frankenreichs. Für den bisherigen Außenseiter war es vorrangig, seine Herrschaft zuerst in den beiden Zentren des Ostfrankenreichs zu stabilisieren. Der einstige fränkische Zentralraum hatte ohnehin an Bedeutung verloren. Weder Karl III. noch Arnulf statteten je der Kaiserresidenz in Aachen einen Besuch ab. Ob Arnulf mit seinem Rückzug nach Regensburg sogar bewusst einen Verzicht auf die Herrschaft über das gesamte Frankenreich leistete, ist den Quellen nicht zu entnehmen.

Der Tod Karls III. war der Auftakt für eine rasche Abfolge von Königserhebungen. Insgesamt konkurrierten fünf Thronprätendenten um die Herrschaft im Westfrankenreich und in Italien: Graf Odo von Paris, Graf Ramnulf von Poitiers, Herzog Wido von Spoleto, Herzog Rudolf von Transjuranien (Hochburgund) und Herzog Berengar von Friaul. Nur zwei (Berengar und Ramnulf) waren genealogisch über eine Tochter des Kaisers Nachkommen Ludwigs des Frommen. Erfolg hatten aber ausgerechnet jene, die keine Verwandtschaft mit den Karolingern vorweisen konnten: Odo setzte sich im Westfrankenreich durch, Rudolf in Burgund und Wido in Italien. Entscheidend war nicht Verwandtschaft, sondern vielmehr, dass alle Prätendenten von Karl III. mit wichtigen Aufgaben in der Verwaltung des Reiches betraut worden waren. Die Verteidigung gegen die Normannen im Norden und gegen die «Sarazenen» in Italien hatte es seit längerem notwendig gemacht, die militärischen Ressourcen in den Händen einiger weniger Amtsträger zu konzentrieren. Besonders im Westfrankenreich war die Kumulation von Grafschaften und Abteien üblich geworden. Diese «Super-Magnaten» (Simon MacLean) waren daher keine Usurpatoren, sondern besonders erfolgreiche Amtsträger des Königs.

Anders als der Dynastiewechsel von 751 erfolgte der Umbruch von 888 erstaunlicherweise geräuschlos. Die neuen Könige mussten weder eine besondere Legitimation aufweisen noch neue Rituale zur Rechtfertigung ihrer Herrschaft einführen. Dieses

Ende der Karolinger ist nicht mit dem zähen Festhalten an der merowingischen Dynastie vergleichbar, die minderjährige, unfähige und untätige Herrscher scheinbar mühelos verkraften konnte. Der wesentliche Grund dafür ist darin zu sehen, dass sich die Karolinger nicht in erster Linie als Dynastie stilisierten, sondern als Inhaber eines göttlich legitimierten Amtes. Echte oder vorgetäuschte Verwandtschaft mit den Karolingern war deshalb – anders als unter den Merowingern – nie ausreichend, um einen Anspruch auf Königsherrschaft zu erheben. Folglich gab es auch keine Notwendigkeit, nach verbliebenen Karolingern zu suchen, als die Dynastie im Jahr 888 vor dem Aussterben stand – obwohl mit Karl III. («dem Einfältigen») noch ein Enkel Karls des Kahlen lebte, der wegen seiner Jugend mehrfach übergangen worden war. Dieses Amtsverständnis des Königtums macht die Tatsache weniger rätselhaft, dass das karolingische Monopol im Jahr 888 sang- und klanglos unterging.

Die neuen Könige von 888 bedurften zwar keiner neuen Legitimationsquelle, leichtes Spiel hatten sie gleichwohl nicht. Ihre Situation hat niemand besser in Worte gefasst als der Chronist Regino von Prüm in seinem Kommentar zu den Erhebungen nicht-karolingischer Könige: «Dieser Umstand rief große Kriege hervor, nicht etwa weil es den Franken an Fürsten gefehlt hätte, die durch Adel, Tapferkeit und Weisheit über die Reiche herrschen konnten, sondern weil unter ihnen selbst die Gleichheit der Abkunft, der Würde und Macht die Zwietracht steigerte, da niemand den anderen so überlegen war, dass die übrigen sich dazu verstanden hätten, sich seiner Hoheit zu beugen. Denn viele zur Lenkung des Reiches tüchtige Fürsten hätte das Frankenland erzeugt, wenn das Schicksal ihnen nicht im Wetteifer der Kraft zu gegenseitigem Verderben die Waffen in die Hand gegeben hätte.» Regino hob die machtpolitischen Einbußen der Könige hervor, aber er lenkte auch den Blick auf die Konsequenzen des Verlusts gesicherter dynastischer Thronfolge. Die Rivalen waren nicht nur gleich an Macht, sondern ebenso an Amtswürde und Herkunft. Diese Situation musste nach 888 eine tiefgreifende Verunsicherung hervorrufen, weil die Grundregel der Machtverteilung im Frankenreich zur Disposition stand:

dass immer ein Mitglied der Königsfamilie der Karolinger über die Verteilung von Ämtern und Ressourcen entschied.

Im Westfrankenreich wurde die Krise der Autorität des Königtums sofort spürbar. Erzbischof Fulko von Reims dachte von Beginn an nicht daran, den neuen König Odo, einen Vorfahren der seit 987 regierenden Kapetinger, anzuerkennen. Zuerst wandte er sich an Wido von Spoleto, dann an König Arnulf und bot ihnen an, bei der Übernahme der Herrschaft im Westen Hilfe zu leisten. Nach dem Fehlschlag dieser Versuche unterstützte er seit 893 den erst 13-jährigen Karl III. und erhob ihn eigenmächtig zum König. Erst 897 wurde eine Einigung vermittelt, die den Eintritt Karls in das Königtum nach dem Tod des kinderlosen Odo vorsah. Graf Balduin von Flandern widersetzte sich ebenso dem neuen König und ließ sich auch durch die Exkommunikation der Bischöfe nicht einschüchtern. Vielmehr stand er hinter der spektakulären Ermordung Erzbischofs Fulko von Reims im Jahr 900, ohne dafür jemals zur Rechenschaft gezogen zu werden. Bei einem von Odo einberufenen Normannenfeldzug versagten ihm 897 auch andere Laienfürsten des Reiches die Heerfolge.

Als seit 898 mit Karl III. wieder ein legitimer Karolinger im Westfrankenreich amtierte, änderte sich an der neuen Grundkonstellation wenig. Wie Odo musste auch Karl bei einem Einfall der Ungarn im Jahr 919 die Weigerung der Laienfürsten hinnehmen und alleine mit den Truppen des Erzbischofs von Reims die Eindringlinge abwehren. Das Königtum verlor darüber hinaus den Zugriff auf die Königslandschaft um Paris, weil dort Robert, der Bruder Odos, als Markgraf von Neustrien die Machtstellung der Familie geerbt hatte. Die Grablege in Saint-Denis war damit den Karolingern des 10. Jahrhunderts verwehrt. Eine Neuverteilung von Ämtern konnte der König gegenüber den «Super-Magnaten» nicht mehr durchsetzen. Karl war daher zunächst auf das Gebiet von Laon beschränkt, bevor er ab 911 Lotharingien dem Ostfrankenreich entreißen konnte. Seine Stellung im Westfrankenreich hat er dadurch aber nicht dauerhaft verbessern können. Vielmehr zog er durch eine ungeschickte Politik den Unwillen weiter Kreise auf sich, so dass sogar der

Erzbischof von Reims von ihm abfiel. Die Rebellen schritten zur Erhebung eines Gegenkönigs, und Karl verbrachte die restlichen Jahre seines Lebens von 923 bis 929 in Haft. Sein Sohn Ludwig IV., zunächst nach England geflohen, kehrte 936 an die Macht zurück. Die Karolinger stellten im 10. Jahrhundert noch zwei weitere Könige (Lothar 954–986 und Ludwig V. 986–987), bevor mit Hugo Capet endgültig die Dynastie der Kapetinger das Königtum in Besitz nahm.

Die Krise königlicher Autorität zeigte sich aber nicht nur in der ersten Absetzung eines Karolingers im Westfrankenreich. Seit Odo hörte auch die Gesetzgebung auf, die bislang ein Charakteristikum des westfränkischen Königtums gewesen war. Die Konzile, seit Bonifatius und Pippin Schauplatz kirchlicher und gesellschaftlicher Reformen, kamen ebenfalls zu einem Ende. Im Jahr 909 versammelte der Erzbischof von Reims noch ein letztes Mal in Trosly einen kleinen Kreis von Gleichgesinnten, um in 15 langatmigen Kapiteln über den Respekt vor den Kirchen und den Zustand des Reiches zu beraten. Was die Bischöfe über ihre eigene Autorität und über den Schutz der Geistlichkeit zu sagen hatten, zog aber nicht mehr dieselbe Aufmerksamkeit auf sich wie früher. Schließlich war der Erzbischof von Reims mit seinem Kreis von Festungen und mit seiner Miliz von 1500 Kriegern, die er gegen die Ungarn aufbot, selbst zu einem Fürsten mit eigenen Machtinteressen geworden.

In Italien hing die Krise des Königtums ebenfalls eng mit dem dynastischen Umbruch von 888 zusammen. Karl der Dicke hatte noch enorme Anstrengungen unternommen, um dem Königtum bei allen regionalen Größen Geltung zu verschaffen. Nach seinem Tod begann die Zeit des Doppelkönigtums in Italien. Markgraf Wido von Spoleto und Herzog Berengar von Friaul ließen sich beide zu Königen erheben und buhlten um die Gunst des Papstes, der Bischöfe und der Aristokraten. Nach anfänglichen Rückschlägen hatte Berengar am Ende buchstäblich den längeren Atem und überlebte Wido sowie dessen Sohn Lambert, die beide von den Päpsten zu Kaisern gekrönt worden waren. Ein weiterer Rivale um den Königsthron, König Ludwig von der Provence, wurde von Berengar 905 ergriffen und nach der Blendung in die Heimat zurückgeschickt. Trotz seiner Erhebung zum Kaiser (915) gelang es Berengar jedoch nie, die königliche Autorität viel weiter als über seine familiären Netzwerke auszudehnen. Die Ungarn, die er anfangs selbst rekrutiert hatte, unternahmen eigenständig Beutezüge in seinem Herrschaftsraum und drangen bis nach Apulien vor; Berengar konnte ihnen nicht Einhalt gebieten.

Eine unmittelbare Folge dieser Krise königlicher Autorität war die Verwicklung des Papsttums in Parteienkämpfe in Mittelitalien. Der apostolische Stuhl hatte seit dem Bündnis mit Pippin von der Zusammenarbeit mit den Karolingern enorm profitiert. Da ihr Aufstieg durch das Papsttum legitimiert worden war, hatten die Frankenkönige die päpstliche Autorität im gesamten Reich auf bislang ungekannte Weise verankert. Dabei waren es immer die Karolinger selbst gewesen, die 751, 800 und 833 das Papsttum in politische Entscheidungen eingebunden hatten. Mit der Verbreitung der pseudoisidorischen Fälschungen und durch selbstbewusste Amtsinhaber wie Nikolaus I. fand das Papsttum dann immer stärker in eine aktive Rolle hinein und entschied nach 875 eigenmächtig über die Vergabe des Kaisertums. Mit dem Beginn des Doppelkönigtums 888 verlor das Papsttum jedoch den Rückhalt und wurde als weltliches Fürstentum mit territorialen Interessen in Mittelitalien in die Parteienkämpfe hineingezogen. Dass Papst Formosus wegen seiner Unterstützung des Karolingers Arnulf nach seinem Tod (896) Gegenstand eines Schauprozesses wurde und schließlich sogar seine Leiche nachträglich verstümmelt wurde, wäre zu Zeiten Karls des Großen undenkbar gewesen. Der Anstifter dieses Schauprozesses, Papst Stephan VI., wurde im Jahr darauf selbst Opfer eines Mordanschlags.

Während im Westfrankenreich und in Italien die Krise königlicher Autorität sofort nach 888 manifest wurde, verlief die Entwicklung im Ostfrankenreich zeitverzögert. Arnulf übernahm bruchlos das Königtum von seinem Onkel Karl III. (dem Dicken), verzichtete aber auf die Übernahme der Herrschaft im Westfrankenreich. In Burgund und Italien wurde er dagegen mehrfach militärisch aktiv, konnte aber seine Anerkennung gegen die neuen Könige nicht mehr dauerhaft erzwingen. Das Zentrum seiner Regierung verlagerte Arnulf noch weiter in den Osten, da er sich zumeist in Regensburg aufhielt, während er Frankfurt, Tribur und Worms nur im Rahmen von Reichsversammlungen aufsuchte. Der traditionelle Zentralraum karolingischer Herrschaft, das lotharingische Gebiet um Maas und Mosel, verlor so stark an Bedeutung, dass Arnulf ihn seinem unehelichen Sohn Zwentibold als Unterkönigreich überließ. Zwentibold gelang es jedoch nicht, die Konkurrenten innerhalb der regionalen Aristokratie zum Gehorsam zu zwingen und die Ämterverteilung nach seinem Willen umzugestalten. Der Widerstand gegen sein Regiment wurde zuletzt so groß, dass er am 13. August 900 als erster regierender Karolinger im Kampf gegen Rebellen zu Tode kam.

Zuvor, am 8. Dezember 899, war sein Vater Arnulf gestorben. Die Führungsschicht des Ostfrankenreichs einigte sich auf die Erhebung seines erst sechsjährigen legitimen Sohnes Ludwig IV. («das Kind»). Damit wurde erstmals in der Karolingerzeit ein echter Kindkönig als Regent in einem großen fränkischen Teilreich eingesetzt. Die Folgen waren absehbar und aus der merowingischen Geschichte hinlänglich bekannt: Die Königsherrschaft wurde durch die führenden Kräfte der Regentschaft für deren eigene Interessen eingesetzt und konnte daher keine übergreifende Anerkennung mehr finden. Deutliches Beispiel dafür ist die Babenberger-«Fehde», eine Auseinandersetzung um die Führungsstellung im ostfränkisch-thüringisch-sächsischen Grenzraum, die 897 begann und in die alle führenden Familien des Ostfrankenreichs involviert waren. Unter Ludwig dem Kind nutzten die Brüder Konrad (der Ältere) und Gebhard ihre starke Position in der Regentschaft, um ihre Gegner, die Babenberger, aus deren Machtstellungen zu vertreiben. Trotz einer Verurteilung durch den König im Jahr 903 konnte sich der Babenberger Adalbert weitere drei Jahre behaupten und seinen Gegner Konrad im Feld besiegen. Erst nach der Belagerung seiner Festung Theres am Main wurde er 906 durch eine List gefangen genommen und auf Befehl des Kindkönigs hingerichtet.

Der Widerstand gegen das Königtum war zwar in diesem Fall

letztlich nicht erfolgreich, sollte aber in den folgenden Jahren zu einer wirksamen Strategie werden. Die Regierung Konrads I. bietet dafür reiches Anschauungsmaterial. Konrad hatte nach dem Tod seines gleichnamigen Vaters, der in den Kämpfen gegen die Babenberger umgekommen war, die führende Position in der Regentschaft eingenommen. Seine Königserhebung nur wenige Wochen nach dem Tod Ludwigs am 10. November 911 in Forchheim war damit vorgezeichnet. Lotharingien fiel zwar vom Ostfrankenreich ab und unterstellte sich dem westfränkischen König Karl III., aber eine Vereinigung des gesamten Frankenreichs unter dem letzten Karolinger war zu diesem Zeitpunkt nicht mehr denkbar. Das ostfränkische Reich hatte schon fast 70 Jahre Bestand und war in seiner gefestigten Struktur nicht mehr von der karolingischen Dynastie abhängig. Die Erhebung Konrads scheint daher ohne größere Verwerfungen vonstattengegangen zu sein. Der Dynastiewechsel fand auch im Ostfrankenreich ohne viel Aufhebens statt.

Trotz dieses reibungslosen Übergangs war die Reichweite königlicher Autorität nicht mehr selbstverständlich. Dies hatten schon die Ungarneinfälle unter König Ludwig deutlich gemacht, als es nicht mehr möglich war, eine gemeinsame Verteidigung gegen die Invasoren zu organisieren. Im Jahr 907 ging das bayerische Aufgebot bei Preßburg unter, im Jahr 910 scheiterte Konrads Bruder Gebhard bei Augsburg mit einem schwäbisch-fränkischen Heer. Die Gegner machten keine Gefangenen: Alle beteiligten Heerführer verloren in der Schlacht ihr Leben. Die Organisation der Verteidigung ging damit auf regionale Gewalten über, wodurch auch im Osten der Einfluss der Aristokraten wuchs. In Bayern nahm Arnulf, der Sohn des bei Preßburg getöteten Markgrafen Liutpold, eine neue Spitzenstellung ein, die er gegen den neuen König verteidigen wollte. Konrad scheiterte mit dem Versuch, Arnulf seine Stellung als Herzog in Bayern streitig zu machen. Bei Kämpfen um Regensburg wurde Konrad 918 schwer verwundet und erlag wenig später seinen Verletzungen.

Konrads Herrschaft war ohne Zweifel ein Dokument des Scheiterns. In seiner Zeit sind in Bayern, Schwaben und Sachsen

Spitzenvertreter des regionalen Adels als Herzöge in Erscheinung getreten, mit denen neu über die Verteilung der Kompetenzen verhandelt werden musste. Konrad zeigte sich wenig kompromissbereit und hatte mit dieser Haltung keinen Erfolg. Die Herzogsgewalt, von den frühen Karolingern mit aller Konsequenz niedergekämpft und beseitigt, feierte ihre Wiedergeburt. Konrads Nachfolger, der Sachse Heinrich I., wurde in Fritzlar zunächst nur von Franken und Sachsen gewählt und sah sich deshalb gezwungen, die Anerkennung in Schwaben und Bayern mit Zugeständnissen zu erkaufen. Dadurch spielte sich ein neues Machtgleichgewicht zwischen Königtum und Herzogsgewalt ein, das erheblich zur Stabilisierung des Ostfrankenreichs beigetragen hat. Nach der Rückgewinnung von Lotharingien (925) stellte sich Heinrich wahrnehmbar in die Tradition der Karolinger. Die Krise des Königtums setzte daher im Ostfrankenreich später ein und wurde schneller überwunden.

Das Frankenreich ist trotz der Krise königlicher Autorität nicht untergegangen. Vielmehr hat es sich in einem langsamen Prozess in die Nachfolgereiche (Frankreich, römisch-deutsches Reich) verwandelt. Es lässt sich sogar die Behauptung aufstellen, es sei «aus den inneren und äußeren Wirren des 9. Jahrhunderts ohne territoriale Einbußen hervorgegangen» (Theodor Schieffer). So teuer die häufigen Angriffe und Plünderungen der Normannen das Frankenreich auch zu stehen kamen, haben sie es doch nicht im Kern zu erschüttern vermocht. Anders als in England war eine Eroberung des Frankenreichs oder eine Übernahme des Königtums für die Aggressoren keine Option. Schließlich wurden sie entweder in das Frankenreich integriert und getauft oder sie wurden militärisch besiegt wie in der Schlacht bei Löwen durch König Arnulf (891) bzw. bei Chartres in der Zeit Karls III. (910). Auch die Ungarn waren in erster Linie Plünderer und haben dem Ostfrankenreich nur das bayerische Ostland (östlich der Enns) entrissen, welches aber ohnehin nur ansatzweise in die Strukturen des Reiches eingebunden gewesen war.

Das Frankenreich erwies sich somit als erstaunlich resistent. Es leuchtet daher nicht unmittelbar ein, das Reich Karls des Großen als «Anachronismus» zu werten, d.h. als eine in sich instabile und dem Untergang geweihte Großreichsbildung. Diese historiographische Deutung wurde besonders nach dem Scheitern des «Dritten Reiches» vertreten, und zwar in seltener Einmütigkeit sowohl von französischen (Louis Halphen) als auch von belgischen (François Louis Ganshof), österreichischen (Heinrich Fichtenau) und deutschen Historikern (Walter Schlesinger). Doch sei daran erinnert, dass das Frankenreich bereits seit dem 6. Jahrhundert als Großreich bestand und die längste Dauer aller Nachfolgereiche des römischen Imperiums erreichte. Es verfügte über erstaunliche Stabilität, weil den Königen bewahrte und funktionierende Mechanismen der politischen Integration zur Verfügung standen: Sie verlangten Treueide, beriefen Reichsversammlungen ein, verpflichteten zu regelmäßigen Heerzügen, erteilten ihren Getreuen Privilegien, verteilten geistliche und weltliche Ämter, ließen Bischöfe und Äbte an der Reichsverwaltung teilhaben, erließen mit ihrer Banngewalt Gesetze und gaben ihren Söhnen Unterkönigreiche. Was das Auseinanderfallen des Großreichs bewirkte, war die Regelung der Thronfolge, die eine Teilung des Reiches bei mehreren Söhnen vorsah. Der dynastische Zufall spielte deshalb eine kaum zu überschätzende Rolle: Während von 718 bis 840 fast durchgehend eine Teilung vermieden werden konnte, setzte mit dem Vertrag von Verdun eine politische Fragmentierung ein.

Die so entstandene polyzentrische Struktur brachte seit 843 für das Königtum unweigerlich neue Rahmenbedingungen mit sich. Dass die Machtressourcen dadurch geringer wurden, war nur die eine Seite der Medaille. Auf der anderen Seite rivalisierten im Bürgerkrieg von 840 bis 843 die Könige untereinander um die Unterstützung der Aristokratie und waren danach auf ihre Mitwirkung in größerem Maße angewiesen als zuvor. Die Umstellung der Militärorganisation, notwendig geworden durch die Einfälle der Normannen, bewirkte im Westen darüber hinaus eine Konzentration von Ämtern in den Händen von einigen wenigen Reichsaristokraten. Trotz dieser veränderten Rahmenbedingungen kam es zu einer Verschärfung der Krise königlicher Autorität erst durch die dynastische Notlage von 888. Da die dynastische Grundregel des politischen Gemeinwesens suspendiert wurde, taten sich die neuen Könige erheblich schwerer, auf die Verteilung der Ämter Einfluss auszuüben und damit in das Machtgefüge der regionalen Führungsschichten einzugreifen. Dass einige Könige wie Odo, Berengar und Konrad kinderlos blieben und keine dynastische Zukunft boten, kam erschwerend hinzu. In dieser Situation erscheinen Attentate auf Päpste, Könige und Erzbischöfe als Symptome einer tiefgreifenden Krise königlicher Autorität.

Diese zog zweifellos einen Niedergang der Kultur nach sich. Die Reform von Kirche und Gesellschaft, die seit Bonifatius auf den Konzilen der Karolingerzeit thematisiert worden war, erfuhr im ganzen Frankenreich eine Unterbrechung. Neuerungen im weltlichen Recht, wie sie uns in den karolingischen Herrschererlassen in Fülle begegnen, fanden nach 900 nicht mehr statt. Gelehrsamkeit wurde zwar in den Klöstern weiterhin gepflegt, erhielt aber keine neuen Impulse. Die Geschichtsschreibung setzte nach der Niederschrift der Chronik Reginos von Prüm (908) für mehrere Jahrzehnte im gesamten Frankenreich aus.

Betrachtet man den kulturellen Niedergang um 900, fällt es schwer, die eminente Bedeutung der Karolinger für die Geschichte Europas zu erkennen. Welche Wirkung zeitigte diese «Atempause im Ausbau der regionalen Welt» (Patrick Geary) nach dem Untergang des weströmischen Reichs? Wenn man auf die Expansionen des Hochmittelalters blickt, könnte man geneigt sein, die «Geburt Europas» (Robert Bartlett) auf die Dynamik der karolingischen Kriegergesellschaft zurückzuführen. Schließlich gingen die Eroberung Englands 1066, die Kreuzzüge in den Nahen Osten, die Reconquista Spaniens, die Einnahme Siziliens und die deutsche Besiedlung Osteuropas vom Kernraum des ehemaligen Frankenreichs aus. Dieser Deutung steht jedoch entgegen, dass sich die Mechanismen politischer Organisation in der Zwischenzeit grundlegend gewandelt hatten: Verfügte der fränkische König über die Vergabe von Ämtern und Privilegien als seinen wichtigsten Machtmitteln, so festigten spätere Könige und Landesherren ihre Stellung durch die Mehrung von Besitz, Gerichtsrechten und Abgaben. Dienten die Reichsversammlungen des Frankenreichs der gemeinsamen Entscheidungsfindung von König, Bischöfen und Aristokraten, so versammelten sich auf den späteren Land- und Reichstagen die Stände als Antipoden zum Herrscher. Definierten sich die fränkischen Adligen über die Nähe zum Königtum und die Ausübung von Ämtern, so legitimierte der spätere Adel seine Stellung vorwiegend über Besitz, Rechte und Herkunft. Begriffe aus der fränkischen Zeit wie Vasall und Graf blieben zwar in Gebrauch und verbreiteten sich auch außerhalb des ehemaligen Frankenreichs – doch die politische Organisation wurde während des hohen und späten Mittelalters in den Nachfolgereichen grundlegend umgebaut.

Die epochale Bedeutung der Karolinger liegt vielmehr darin, den ehemaligen Westen des römischen Reiches mit einer neuen Schicht kulturell-religiöser Homogenität überzogen zu haben. Nachdem sich die Regionen seit dem 5. Jahrhundert immer stärker auseinanderentwickelt hatten, strebten die Karolinger seit der Verbindung mit Bonifatius nach einer kirchlichen Hierarchisierung und Homogenisierung auf der Grundlage der Leitautorität des Papstes: Mönche sollten nach der Regel Benedikts leben, städtische Priester in Gemeinschaft der Regel des Augustinus folgen, Landpriester regelmäßig von ihren Bischöfen Instruktionen erhalten, Laien überall den Zehnt an die Taufkirchen zahlen und regelmäßig zur Beichte gehen. Gleichwohl wäre es übertrieben, wollte man den Karolingern in allen Bereichen Erfolg in ihrem Bestreben nach Homogenisierung der kirchlichen und religiösen Ordnung bescheinigen. Dies war sicher nicht der Fall; vielmehr stießen sie auf einen tief verwurzelten Regionalismus, den sie in manchen Bereichen (wie im weltlichen Recht) auch nicht antasteten. Dennoch hinterließen die Karolinger durch die Errichtung des universalen christlichen Kaisertums ein bedeutsames Erbe. Im Hochmittelalter wurde der Universalismus weiterhin durch das Kaisertum und das vom Kaiser fortgeführte römische Recht getragen, wobei allerdings mehr und mehr das Papsttum die Führung übernahm. Das gesamte Mittelalter wurde durch diese Konkurrenz von regionaler Ordnung und den Ansprüchen der Universalgewalten geprägt.

Das grundlegende Bündnis mit dem Papsttum beruhte *grosso*

modo auf wechselseitigem Respekt und räumlicher Distanz. Eine Verlegung der kaiserlichen Residenz nach Rom stand nicht zur Debatte, weil Rom als Grenzstadt des Frankenreichs weitab vom politischen Zentrum lag. Diese bipolare Struktur unterschied den Westen grundlegend vom byzantinischen Reich mit der kirchlichen und weltlichen Hauptstadt Konstantinopel oder vom muslimischen Modell des Kalifen als zugleich weltlichen Herrschers und Nachfolgers des Propheten. Sie führte zwar in der Karolingerzeit noch nicht zu grundlegenden Debatten über das Verhältnis kaiserlicher und päpstlicher Macht, sollte aber die Geschichte Europas im Mittelalter prägen und legte die Grundlagen für die späteren Konflikte seit dem Investiturstreit.

War also das Verhältnis zum Papsttum von räumlicher Distanz geprägt, die sich zum Dualismus entwickeln sollte, wandelten sich die Bischöfe und Äbte des Frankenreichs zu Amtsträgern des Königs. Karl der Große übertrug so viele Rechte, Kompetenzen und Aufgaben an den Klerus, dass man von einer Symbiose von politischer und kirchlicher Organisation sprechen kann. Der König musste die Ressourcen der Kirchen und Klöster nutzen, da sie im Frühmittelalter zu vermögenden Institutionen aufgestiegen waren und insgesamt ca. ein Drittel des Grundbesitzes kontrollierten. Unter Ludwig dem Frommen erhielt diese Einbindung in der Formel vom Zusammenwirken königlicher Macht und bischöflicher Autorität eine gedankliche Fassung. Die Bischöfe nahmen mithin eine Schlüsselstellung bei der Organisation des fränkischen Großreichs ein. Angesichts dessen war es selbstverständlich, dass der König bestimmenden Einfluss auf die Ernennung von Bischöfen und Äbten ausübte. Wie bereits in der Merowingerzeit ernannte er die Bischöfe durch Urkunden, seit dem Ende des 9. Jahrhunderts durch die Übergabe eines Stabes – die sogenannte Investitur. Daran sollte sich im 11. Jahrhundert der Investiturstreit entzünden, als die Reformer in der Kirche nicht mehr länger hinnehmen wollten, dass geistliche Amtsträger von der weltlichen Macht eingesetzt wurden. Zu Äbten beriefen die Könige im 9. Jahrhundert häufig Laien, die gar keine Mönche waren. Dadurch konnten hohe Adelige mit bedeutenden Ressourcen ausgestattet und dem König verpflichtet werden. Auch diese Praxis geriet in die Kritik.

Im Verhältnis des Königtums zur Kirche lässt sich also ein Spannungsfeld erkennen: Zum einen trieben die Könige die Symbiose von königlicher Macht und bischöflicher Autorität im eigenen Reich vehement voran. Damit wurde die geistliche Seite des bischöflichen Amtes um weltliche Funktionen erweitert: Der Bischof als Kriegsherr ist ein frappanter Widerspruch. Zum anderen setzte Karl der Große die Bildungsreform in Gang, die einen großen Teil der antiken Kultur vor dem Untergang rettete, deren vordringliches Ziel es aber war, die Korrektheit der Liturgie, des Bibeltextes und des christlichen Verhaltens einzuschärfen. Damit wurden auf den Reformkonzilen genau diejenigen kirchlichen Normen der Spätantike immer wieder in Erinnerung gerufen, die mit der Praxis der Reichskirche in so manchen Punkten im Widerspruch standen. Die Zeit des 8. und 9. Jahrhunderts legte somit nicht nur den Grundstein für den Ansatz kultureller Homogenität im Bereich der lateinischen Kirche, sie gab auch durch die enge Verknüpfung von Politik und Theologie, Königtum und Bischofsmacht, Gemeinschaft und Glaube ein Erbe voller Widersprüche an spätere Generationen weiter.

Kurzbibliographie

Michel Aaij/Shannon Godlove (Hrsg.), *A Companion to Boniface*, Leiden 2020.

Stuart Airlie, *Power and its Problems in Carolingian Europe*, Farnham 2012.

Stuart Airlie, *Making and Unmaking the Carolingians, 751–888*, London 2021.

Giuseppe Albertoni/Francesco Borri (Hrsg.), *Spes Italiae. Il regno di Pipino, i Carolingi e l'Italia (781–810)*, Turnhout 2022.

Bernard S. Bachrach, *Charlemagne's Early Campaigns (768–777). A Diplomatic and Military Analysis*, Leiden 2013.

Robert Bartlett, *Die Geburt Europas aus dem Geist der Gewalt: Eroberung, Kolonisierung und kultureller Wandel von 950 bis 1350*, München 1996.

Matthias Becher, *Eid und Herrschaft. Untersuchungen zum Herrscherethos Karls des Großen*, Sigmaringen 1993.

Matthias Becher/Jörg Jarnut (Hrsg.), *Der Dynastiewechsel von 751. Vorgeschichte, Legitimationsstrategien und Erinnerung*, Münster 2004.

Helmut Beumann (Hrsg.), *Karl der Große. Lebenswerk und Nachleben*, Düsseldorf 1965–1968, 5 Bde.

Courtney Booker, *Past Convictions. The Penance of Louis the Pious and the Decline of the Carolingians*, Philadelphia 2009.

Egon Boshof, *Ludwig der Fromme*, Darmstadt 1996.

Patrick Breternitz, *Königtum und Recht nach dem Dynastiewechsel. Das Königskapitular Pippins des Jüngeren*, Ostfildern 2020.

Patrick Breternitz/Karl Ubl (Hrsg.), *Pippin der Jüngere und die Erneuerung des Frankenreichs*, Ostfildern 2020.

Peter Brown, *The Rise of Western Christendom. Triumph and Diversity AD 200–1000*, Chichester 2013.

Carlrichard Brühl, *Deutschland – Frankreich. Die Geburt zweier Völker*, Köln 1995.

Peter Classen, *Das Papsttum und Byzanz. Die Begründung des karolingischen Kaisertums*, Sigmaringen 1988.

Marios Costambeys/Matthew Innes/Simon MacLean, *The Carolingian World*, Cambridge 2011.

Simon Coupland, *Carolingian Coinage and the Vikings. Studies on Power and Trade in the 9th Century*, Farnham 2007.

Jennifer R. Davis, *Charlemagne's Practice of Empire*, Cambridge 2015.

Philippe Depreux/Stefan Esders (Hrsg.), *Produktivität einer Krise. Die Regierungszeit Ludwigs des Frommen (814–840) und die Transformation des karolingischen Imperiums*, Ostfildern 2018.

Roman Deutinger, *Königsherrschaft im Ostfränkischen Reich. Eine pragmatische Verfassungsgeschichte der späten Karolingerzeit*, Ostfildern 2006.

Heinrich Fichtenau, *Das karolingische Imperium. Soziale und geistige Problematik eines Grossreiches*, Zürich 1949.

Andreas Fischer, *Karl Martell. Der Beginn karolingischer Herrschaft*, Stuttgart 2012.

Johannes Fried, *Karl der Große. Glaube und Gewalt*, München 2013.

Franz Fuchs/Peter Schmid (Hrsg.), *Kaiser Arnolf. Das ostfränkische Reich am Ende des 9. Jahrhunderts*, München 2002.

François Louis Ganshof, *Frankish Institutions under Charlemagne*, Providence 1968.
Clemens Gantner/Walter Pohl (Hrsg.), *After Charlemagne. Carolingian Italy and its Rulers*, Cambridge 2020.
Ildar Garipzanov, *The Symbolic Language of Authority in the Carolingian World (c.751–877)*, Leiden 2008.
Patrick Geary, *Die Merowinger. Europa vor Karl dem Großen*, München 2003.
Richard A. Gerberding, *The Rise of the Carolingians and the Liber Historiae Francorum*, Oxford 1987.
Michael Glatthaar, *Bonifatius und das Sakrileg. Zur politischen Dimension eines Rechtsbegriffs*, Frankfurt a. M. 2004.
Peter Godman/Roger Collins (Hrsg.), *Charlemagne's Heir. New Perspectives on the Reign of Louis the Pious (814–840)*, Oxford 1990.
Hans-Werner Goetz (Hrsg.), *Konrad I. – Auf dem Weg zum Deutschen Reich*, Bochum 2006.
Eric J. Goldberg, *Struggle for empire. Kingship and Conflict under Louis the German, 817–876*, Ithaca 2006.
Rolf Große/Michel Sot (Hrsg.), *Charlemagne: Les temps, les espaces, les hommes. Construction et déconstruction d'un règne*, Turnhout 2018.
Christoph Haack, *Die Krieger der Karolinger. Kriegsdienste als Prozesse gemeinschaftlicher Organisation um 800*, Berlin 2019.
Achim Thomas Hack, *Alter, Krankheit, Tod und Herrschaft im frühen Mittelalter. Das Beispiel der Karolinger*, Stuttgart 2009.
Louis Halphen, *Charlemagne et l'empire carolingien*, Paris 1947.
Wilfried Hartmann, *Ludwig der Deutsche*, Darmstadt 2002.
Wilfried Hartmann (Hrsg.), *Ludwig der Deutsche und seine Zeit*, Darmstadt 2004.
Wilfried Hartmann, *Die Synoden der Karolingerzeit im Frankenreich und in Italien*, Paderborn 1989.
Jörg Jarnut (Hrsg.), *Karl Martell in seiner Zeit*, Sigmaringen 1994.
Mayke de Jong, *The Penitential State. Authority and Atonement in the Age of Louis the Pious, 814–840*, Cambridge 2009.
Mayke de Jong, *Epitaph for an Era. Politics and Rhetoric in the Carolingian World*, Cambridge 2019.
Sören Kaschke, *Die karolingischen Reichsteilungen bis 831. Herrschaftspraxis und Normvorstellungen in zeitgenössischer Sicht*, Hamburg 2006.
Brigitte Kasten, *Königssöhne und Königsherrschaft. Untersuchungen zur Teilhabe am Reich in der Merowinger- und Karolingerzeit*, Hannover 1997.
Shigeto Kikuchi, *Herrschaft, Delegation und Kommunikation in der Karolingerzeit. Untersuchungen zu den Missi dominici (751–888)*, München 2021.
Jacques Le Goff, *Die Geburt Europas im Mittelalter*, München 2004.
Horst Lößlein, *Royal power in the late Carolingian Age. Charles III the Simple and his Predecessors*, Köln 2019.
Simon MacLean, *Kingship and Politics in the late ninth Century: Charles the Fat and the End of the Carolingian Empire*, Cambridge 2003.
Michael McCormick, *Charlemagne's Survey of the Holy Land. Wealth, Personnel, and Buildings of a Mediterranean Church between Antiquity and the Middle Ages*, Cambridge, MA/London 2011.
Rosamond McKitterick, *History and Memory in the Carolingian World*, Cambridge 2004.
Rosamond McKitterick, *The Carolingians and the Written Word*, Cambridge 1989.
Hubert Mordek, *Studien zur fränkischen Herrschergesetzgebung. Aufsätze über Kapitularien und Kapitulariensammlungen*, Frankfurt a. M. 2000.

Janet Nelson, *Charles the Bald*, London 1992.
Janet Nelson, *The Frankish World, 750–900*, London 1996.
Janet Nelson, *King and Emperor. A New Life of Charlemagne*, London 2019.
Thomas F. X. Noble, *Images, Iconoclasm, and the Carolingians*, Philadelphia 2009.
Thomas F. X. Noble, *The Republic of St. Peter. The birth of the Papal State, 680–825*, Philadelphia 1984.
Steffen Patzold, *Episcopus: Wissen über Bischöfe im Frankenreich des späten 8. bis frühen 10. Jahrhunderts*, Ostfildern 2008.
Steffen Patzold, *Presbyter. Moral, Mobilität und die Kirchenorganisation im Karolingerreich*, Stuttgart 2020.
Helmut Reimitz, *History, Frankish Identity and the Framing of Western Ethnicity, 550–850*, Cambridge 2015.
Ingrid Rembold, *Conquest and Christianization. Saxony and the Carolingian World, 772–888*, Cambridge 2017.
Pierre Riché, *Die Karolinger. Eine Familie formt Europa*, Stuttgart 1999.
Rudolf Schieffer, *Die Karolinger*, 5. Aufl., Stuttgart 2014.
Rudolf Schieffer, *Die Zeit des karolingischen Großreiches 714–887*, Darmstadt 2005.
Rudolf Schieffer (Hrsg.), *Schriftkultur und Reichsverwaltung unter den Karolingern*, Opladen 1996.
Theodor Schieffer, *Winfrid-Bonifatius und die christliche Grundlegung Europas*, Freiburg 1954.
Theodor Schieffer (Hrsg.), *Handbuch der europäischen Geschichte, 1. Europa im Wandel von der Antike zum Mittelalter*, Stuttgart 1976.
Sebastian Scholz, *Politik – Selbstverständnis – Selbstdarstellung. Die Päpste in karolingischer und ottonischer Zeit*, Stuttgart 2006.
Josef Semmler, *Der Dynastiewechsel von 751 und die fränkische Königssalbung*, Düsseldorf 2003.
Matthias Springer, *Die Sachsen*, Stuttgart 2004.
Rachel Stone, *Morality and Masculinity in the Carolingian Empire*, Cambridge 2012.
Joanna Story (Hrsg.), *Charlemagne. Empire and Society*, Manchester 2005.
Karl Ubl, *Inzestverbot und Gesetzgebung. Die Konstruktion eines Verbrechens (300–1100)*, Berlin 2008.
Karl Ubl, *Sinnstiftungen eines Rechtsbuchs. Die Lex Salica im Frankenreich*, Ostfildern 2017.
Karl Ferdinand Werner, *Untersuchungen zur Frühzeit des französischen Fürstentums (9. bis 10. Jahrhundert)*, Ostfildern 2004.
Charles West, *Reframing the Feudal Revolution. Political and Social Transformation between Marne and Moselle, c. 800 – c. 1100*, Cambridge 2013.
Charles West, *The Fall of a Carolingian Kingdom: Lotharingia 855–869*, Toronto 2022.
Ian Wood, *The Christian Economy of the Early Medieval West: Towards a Temple Society*, https://doi.org/10.53288/0371.1.00 (2022).
Klaus Zechiel-Eckes, *Fälschung als Mittel politischer Auseinandersetzung. Ludwig der Fromme (814–840) und die Genese der pseudoisidorischen Dekretalen*, Paderborn 2011.

Personenregister